Aylin Rauh

Alles Kopfsache
Mit der „Ohne-KI-Garantie“

Aylin Rauh

Alles Kopfsache

Mit der „Ohne-KI-Garantie“

Rediroma-Verlag

Bibliografische Information der Deutschen Nationalbibliothek:
Die Deutsche Nationalbibliothek verzeichnet diese Publikation in der Deutschen Nationalbibliografie; detaillierte bibliografische Daten sind im Internet über http://portal.dnb.de abrufbar.

ISBN 978-3-98885-108-6

Umschlagillustration: Paul Craft
(shutterstock.com)

www.rediroma-verlag.de
10,95 Euro (D)

Ist das Leben das Notizbuch und der Mensch der Stift oder das Leben der Stift und der Mensch das Notizbuch?

Inhalt

Vorwort

„Dann sparst du dir all die Arbeit“, meinte vor Monaten ein Arbeitskollege zu mir, als Chatbots und Künstliche Intelligenz die Schlagzeilen eroberten. Ich könne ja damit zukünftig meine Bücher schreiben. Zwar wusste ich, dass er es nur als Scherz meinte, aber trotzdem sah ich ihn verdattert an. Nie im Leben würde ich es zulassen, dass ein Chatbot mir mit einer meiner größten Leidenschaften nimmt: das Bücherschreiben. Eigenständig denken und schreiben wird wohl noch erlaubt sein. Und das Schreiben macht mir viel zu sehr Spaß. Die Geschichten, die das Leben schreibt, die Worte, die aus Kopf und Herzen kommen, das leise Tippen, wenn meine Finger die Tastatur berühren, mein Kugelschreiber, wenn er wieder über die Blätter meines Notizbuchs fliegt … nein, das lasse ich mir nicht nehmen. Vielleicht erklärt euch das die Tatsache, warum ich den Untertitel meines dritten Buches so genannt habe. Und hiermit verkünde ich feierlich und gebe euch die Garantie, dass kein einziger Text mithilfe von KI oder Chatbots geschrieben wurde. In meinen Augen braucht man so etwas nicht, um Bücher zu verfassen. Es ist nur eine Form der Bequemlichkeit. Behalten wir das Thema KI mal im Auge, die Entwicklung kann in jede Richtung gehen – gefährlich oder nicht, wer weiß.

Was euch dieses Mal erwarten wird? Mehr Gedichte, auf jeden Fall. In jedem Kapitel steckt ein Stück von mir. Was ich sehe, was ich fühle, was ich denke, erlebe und durchlebe. Oder durchlebt habe. Gefühle darzustellen ist zeitlos. Ich habe versucht, dieses Buch persönlicher zu gestalten und meine Gedanken nicht so stumpf zu verschriftlichen. Also: Was habe ich und was mache ich damit? Diesbezüglich habe ich mich in den letzten Monaten sehr weiterentwickelt. Ich will mich ausprobieren und in jedes meiner Werke mehr Persönlichkeit reinstecken. Man kann aus vielen Sachen ein Gedicht, eine Kurzgeschichte verfassen oder Dingen eine persönliche Note verleihen. Schreiben ist eine Form von Kunst, ein Handwerk. Ich will, dass die Menschen Bilder im Kopf haben, wenn sie meine Texte lesen. Fühlen, mitfühlen und in meine Welt eintauchen. Ich will mit Worten malen. Mit jeder Figur, mit jedem Gefühl und mit jedem Kapitel erzähle ich eine persönliche Geschichte.

Vielleicht werden sich jetzt einige fragen: Wer oder was hat mich dazu inspiriert? Diesen Denkanstoß gegeben? Ich bin dieses Jahr bei einer Ausstellung über Frida Kahlo gewesen. Das erste Mal mit ihr befasst habe ich mich, als wir uns damals im Spanischunterricht einen Film über sie angesehen haben. Seitdem bin ich oft mit ihr in Berührung gekommen. Mich hat es schon immer fasziniert, dass sie aus ihren Gefühlen und Erlebnissen etwas

Wunderschönes erschaffen konnte – selbst, wenn es die schmerzhaftesten Erfahrungen war, die sie machen musste. Sie malte ihre Gefühlte. Während der Ausstellung konnte ich in eine völlig neue Welt eintauchen und alles von ihr auf mich wirken lassen. Diese Inspiration, diese Kreativität und vor allem diesen Mut habe ich mir zu Herzen genommen. Danke, Frida, würde ich sagen!

Von Dämonen, Tod, Politik, Klimawandel,

Milkshake und Cookies bis hin Zeit und Alltagssituationen aus meinem Leben ist alles dabei. Einige Kapitel habe ich auf Englisch verfasst, weil ich manchmal meine Gefühle auf Englisch besser ausdrücken kann. Einige Gedichte könnten auch als Songtexte verwendet werden. Bei manchen Kapiteln werdet ihr lachen, bei anderen die Stirn runzeln, nachdenken oder euch verstanden fühlen. Oder sagen: „Das ist aber gewagt." Seid gespannt und taucht ein in die Welt, die euch in den nächsten Seiten erwartet. Und die Bilder, die womöglich in euren Köpfen sein werden.

PS: Auf meinem Instagram-Profil „dieses_gedankenchaos_" findet ihr mehr über mich, meine Texte und Einblicke aus meinem Leben.

Guter Tag

Beginnen wir das Buch mit guter Laune! Diesen Text habe ich an einem guten Tag geschrieben. Gute Laune, Seelenfrieden, alles hat einfach passt.

Heute steh ich auf
und weiß:
Es ist ein guter Tag.
Barfuß berühre ich den Boden,
der Kaffee so, wie ich ihn mag.
Ich bin glücklich
und weiß,
dass es nicht immer so war.
Mein Frieden – nicht da, so far.
Ich schreie aus dem Fenster:
„Heute ist ein guter Tag!“
Und die Plagen?
Können dir die meisten nur mit Intus sagen.
Alles in mir lacht,
ich hab so much to say,
das Leben ist süß wie Zimt, sagte Lana Del Rey.
Ich tanze im Zimmer,
an den Pflanzen vorbei.
Von draußen sieht’s so aus,
als wäre ich high.
Mein Herz schwingt im Takt,
meine Hüften dazu.
Ich bin voll im mood – das Leben ist gut.

Die Lines wollen raus,
also schreib ich sie auf,
aus meinem Kopf hinaus,
nebenbei tanze ich das Haus vom Nikolaus.
Mein Nachbar protestiert:
„Was tanzt und schreibt die, was macht die denn da?“
Ich antworte:
„Hä, ist Deutschland nicht das Land der Dichter und Denker?“

Protest

Es ist unser gutes Recht für das Gute und die Gerechtigkeit zu protestieren. Es ist unser gutes Recht laut zu sein.

It's a day like any other – or isn't?
No, because I need to get rid of it.
I see things every day that touch me in different ways.
And the things that heat up my anger.
The scenes have been playing out before our eyes for far too long.
For far too long I have only watched.
I know they think I probably don't realize it.
It upsets me that even water is a privilege.
But I feel the lies, the whispering, the lost hope.
The pain that you don't see sometimes.
I walk the streets, step by step,
because I am not afraid to scream and want to make the dream of a beautiful world come true.
We stand up because we can see
this big opportunity.
Cry for people who are not heard,
because there is no reason to be silent.
Who says I can't be loud?

DROWNING

Ich wollte in diesem Moment so viel sagen, aber ich konnte es nicht. Als hätte ich mich selbst blockiert. Also versuchte ich nicht im Ozean der Gedanken zu ertrinken.

Ich liege auf dem Rücken und starre an die Wand, seit zwei Tagen die gleiche Hose, mein Stift rollt aus der Hand.

Die weiße Farbe vermischt sich mit meinem Blick zu einem Schleier. Alles wird zu einem unklaren Bild.

Yes, it does.

Meine vertraute Umgebung, mein Zuhause, gefühlt seit ich atme, wird von einer Last in den Hintergrund gerückt. Alles hört sich so entfernt an, so dumpf und undeutlich.

Von unsichtbaren Händen. Ein Tunnel.

Um mich herum findet das Spiel in meinem Kopf statt. Ich fühle sie wieder, diese Leere.

Ich würde so gerne etwas sagen, aber ich kann es nicht. Irgendetwas blockiert mich.

Meine Augenringe, gekennzeichnet von meinen Gedanken, von diesem Gedankenchaos.

Das schattige Ebenbild meines Denkens.

Wie in alten Tagen.

Aber kann ich wirklich von einem Gedankenchaos sprechen, wenn ich im Kopf die volle Leere spüre?

Und ich von diesen unsichtbaren Händen runtergedrückt werde und ich mich so fühle, als würde ich gleich ertrinken?

Der Raum öffnet sich und wird zum Schauplatz eines Films, bestehend aus Fragen und Erinnerungen.

Die schmerzhafte Frage, ob Fehler einen zum schlechten Menschen machen oder ab wann man einer ist.

Was will sie mir sagen und was passiert morgen?

Ist es normal, dass ich die Leere als Chaos empfinde und zugleich das Chaos als Leere?

Die Blase droht zu platzen, doch die Nähte reißen nicht.

Meine Chaosleere geht weiter und drückt mich immer tiefer in den Ozean voller Gedanken.

Ich versuche, mich zu bewegen, will mich losreißen.

Während jeder Tropfen mich davon abhält.

Diese Blockade, ich will sie zerstören, aber sie ist zu stark.

Also liege ich weiterhin hier und ertrinke in Gedanken.

Meine inneren Stimmen schwirren herum.

Changed unchanged.

Drunter und drüber

Manchmal frage ich mich ja schon, was ich hier soll.

Was soll ich hier?
Unter dem Himmel.
Über der Wiese.
Zwischen Grau und Regenbogen.
Mit der Frage, ob es nur eine Illusion ist,
ob sie überhaupt existiert,
er nur eine Erfindung ist.
Um uns bei Laune zu halten.
Weil es Teil des Spiels ist.
Obwohl die Melodie des Windes uns die Wahrheit zuflüstert.
Denen, die dem Spiel verfallen sind.
Denen, die noch auf der Suche sind.
Das Gute.
Der Frieden.
Die Hoffnung.

Komplimente zum Mitnehmen

Ich finde, dass wir Menschen uns viel zu wenig ernst gemeinte Komplimente machen. Ihr wisst gar nicht, was solche Worte alles bewirken können. Vielleicht braucht eine Person diese Worte in dem Moment. Ein Reminder.

Gehts auf den roten Teppich,
oder warum siehst du so gut aus?
Du stellst alle in den Schatten,
hier, ein Blumenstrauß.
Wenn du lachst, strahlt die Sonne,
sagt man dir das nie?
Mit dir zu reden,
ist die reinste Poesie.
Das Hemd betont deine Augen,
wollte ich nur mal sagen.
Denken die anderen auch,
nur trauen sie es sich nicht sagen.
Du bist definitiv der
schönste Mensch im Raum.
Schau dich doch mal an,
der reinste Traum.
Ich möchte dir sagen:
Danke, dass du da bist
und es dich gibt.
Wollte ich mal sagen,
damit du das nicht vergisst.

Was ich erwarte?
Nichts.
Dein Lächeln ist wunderschön
und schmückt jedes Mal dein Gesicht.
Appreciate und Komplimente
sind nicht so teuer wie Alimente,
also sagt sie doch mal öfter.
Egal, ob deine Mama,
dein Homie,
oder dein Hund,
dass sie wegen dir lächeln,
ist doch ein schöner Grund.
Dafür musst du kein Marvel-Held sein,
das schaffst du so, ganz allein.
Geiz lieber an deinem Ego,
nix mit verbalen Hieben,
Wäre schön, wenn hier
etwas mehr Nächstenliebe bliebe.

Es ist wieder einer dieser Abende

Ich liebe Gewitter im Sommer.

Es ist einer dieser Abende,
an denen du das Wetter riechen kannst.
Dich eigentlich im Bett verschanzt.
Aber die Regentropfen, sie tanzen um die Wette.
Schmücken deinen Körper wie eine Kette.
Sie laden dich ein, zu diesem Tanz.
Schenken dir Freiheit.
Geben dir Erlösung.
Rütteln dich wach.
Zwischen der grauen Decke und warmen Luft,
es ist deine pure Sucht.
Und während du deine Arme ausstreckst und deine Augen schließt,
diesen Moment genießt,
retten sie sich vor dem Untergang.
Aber du nicht – denn du spürst den Neuanfang.

Zwischen Fragezeichen und Tequila

Und während alle anderen feiern gehen und sich berauschen lassen, liege ich hier und spiele mit den Fragen.

Ende der Woche, es ist kalt und nass.
Meine Leute sind draußen, etc., dies das.
Ein Shot hier, ein Bierchen da,
Gelächter groß, die Stimmung wunderbar.
Spirituosen und Tequila pur,
keiner schaut auf die Zeit der Uhr.
Schwelgen in good old times,
lassen sich berauschen, um Umarmungen auszutauschen.

Während dieses Schauspiels liege ich hier,
auf meinem Rücken mit Wasser, kein Bier.
Möchte kein Teil von diesem Schauspiel sein,
bin allein, aber wiederrum doch nicht allein.

Manche hinterfragen es gar nicht
und tanzen mit Tequila im Mondlicht.
Mein Bett ist kalt und weich zugleich,
der Blick oben zur Decke weiß und bleich.
Ich versuche mit meinem Denken und Willen
diesen verdammten Durst zu stillen.
Fragezeichen, mal groß, mal klein,
schleichen sich in Kopf und Raum hinein.

Versuche zu antworten und sortierten,
um Klarheit im Chaos zu kreieren.
Alleine mit diesen Gedanken im Kopf
gibt es hier keinen Pausenknopf.

Außer mir ist keiner im Zimmer,
alles gewöhnlich, alles wie immer.
Dennoch ist es laut, alles um mich herum.
Fragezeichen, Gedanken – es bleibt nichts stumm.

Not afraid to die

Alles hat ein Ende – auch das Leben. Obwohl wir wissen, dass wir eines Tages sterben werden, fürchtet man sich davor. Vielleicht liegt es auch daran, dass man nicht weiß, was nach dem Tod geschieht, diese Ungewissheit frisst einen auf. Dabei brauchen wir keine Angst vor dem Sterben zu haben …

Nothing last forever.
Everything has an end.
Even the strongest things are going away,
that's not a damn trend.

People are talking in whispers,
or in the darkest corners.
Confess that they are afraid
of saying goodbye to their mothers.

And I sit here and hear all the souls cry.
I'm not afraid to die.

Und während andere sich ihren Kopf zerbrechen,
mehr als beim Rechnen,
genieße ich das Leben,
denn das soll es nur einmal geben.

Dass wir eines Tages sterben, wissen wir schon seit Beginn.

Und andere fragen sich: „Was macht das für einen Sinn?“
Ein ganzes Leben werden wir drauf vorbereitet,
während jeden Tag ein Toter ins Jenseits reitet.
Was dir Angst und Plage bereitet, kann ich dir sagen,
du weißt nicht, was passiert, du kannst es nicht vorhersagen.

Ist es nichts? Himmel? Hölle? Oder die Dunkelheit?
Oder erwartet uns die verbitterte Einsamkeit?
Die Antwort habe ich nicht, aber ich sage dir:
„Mach dir keine Sorgen, ich bin hier.
Genießen wir das Jetzt und Hier.“

And I sit here and hear all the souls cry.
I'm not afraid to die.

I know that the unknown can be scary
but we can't change the fact that one day we will be buried.
It's a fact that we cannot answer some questions,
doesn't matter if you have money or three mansions.
And Islands and success and drinks for free,
in the end we share the same destiny.

And I sit here and hear all the souls cry.
I'm not afraid to die.

lettre d'amour pour moi

Die Selbstliebe und ich … die schwierigste On-Off-Beziehung, die ich jemals hatte. Doch nun ist sie wahrhaftig.

Ein Brief. Auf altem Papier.
Seien es zwei, drei oder vier.
Diese Worte. Voller Liebe und Mühe.
Die zeigen, was ich empfinde und fühle.
Sei es meine Liebe zu dir.
Oder auch zu mir.

Ein Liebesbrief an mich.
Kann man so was tun? Wieso nicht?
Selbstliebe. Diese wahrhaftige Liebe zu mir selbst.
Ist nicht egoistisch.
Sondern ein Empfinden, was ich brauche.
War wie eine On-off-Beziehung.
Eine schwierige Prüfung.

Doch nun sitze ich hier, vor dem Blatt Papier.
Das auf mich wie ein Spiegel wirkt.
Was Vergangenheit, Gegenwart und Zukunft verbirgt. Nur für mich.
Ich bin mit mir im Reinen und halte mein Gleichgewicht.
Es ist mein Sein, das zu mir spricht.

Und schreibt, dass es stolz auf mich ist.
Mich so liebt, wie ich bin.
Sich für den Liebeskummer entschuldigt.

Als ich es lese, ergibt alles einen Sinn.
Diese Worte, das Papier.
Meine Liebe zu mir.
Sie ist endlich da.

Liebes Tagebuch

Zwischen vielen Kisten und Spinnweben saß Samira im Schneidersitz auf kaltem Boden. Zu lange hatte sie das Aufräumen des Dachbodens aufgeschoben, doch heute musste sie es einfach machen. Mittlerweile sortierte sie seit zwei Stunden die Kartons. Heute war sie besonders motiviert, was sie sehr freute.

Irgendwann stieß sie auf eine Kiste, die nicht nur in der Ecke des Dachbodens war, sondern auch in den Tiefen ihrer Erinnerungen. „Das gibt's nicht", staunte Samira. Es war ein Karton mit ihren alten Tagebüchern. Grinsend holte sie ein paar heraus und blätterte hindurch. Früher hatte sie viel Tagebuch geschrieben, ihr erstes begann sie in der Grundschule. Was sie schon alles in den Seiten festgehalten hatte ... Von ihrem ersten Schwarm bis hin zu Streitereien mit ihrer Mutter. Kopfschüttelnd vertiefte sich Samira in den alten Einträgen. Es vergingen gefühlt Stunden, in denen sie ihre Nase in die Tagebücher steckte. Was sie jetzt wohl in ein Tagebuch schreiben würde? Samira packte der Wille, die leeren Seiten zu füllen, die in einem Buch noch übrig waren. Der letzte Eintrag war vier Jahre her. Schnell lief sie die Treppen hinab, mit einem Buch in der Hand, und setzte sich an den Schreibtisch. Sie schnappte sich einen Kugelschreiber und begann zu schreiben:

Liebes Tagebuch,

lange ist es her, dass ich mich hingesetzt habe, um dir zu schreiben. Keine Ahnung, wieso ich aufgehört hatte. War es die fehlende Zeit? Der mangelnde Wille? Oder hatte ich einfach nur keine Lust? Keine Ahnung, ich kann es dir nicht beantworten. Seit meinem letzten Eintrag ist viel passiert. Mittlerweile bin ich mit meinem Studium fertig und lebe mit meinem Freund in einer schönen Wohnung. Und nein, es ist nicht Nick aus der Grundschule. Meinen Partner lernte ich auf einer Party kennen, nachdem ich von meinen Eltern ausgezogen bin. Herrlich normal einfach. Ich habe vieles erlebt, wofür ich dankbar bin. Seien es gute oder schlechte Dinge. Und nun sitze ich hier, vier Jahre später, um mit einem neuen Kapitel zu beginnen. Ich habe mich vorher gefragt, was ich dir wohl schreiben würde. Beginnen wir mal damit, dass wir uns in einer komischen Zeit befinden. In einer Zeit, in der jeder etwas zu sagen hat. Es ungewohnt ist, wenn man nicht alles von sich preisgibt. In der man echt aufpassen muss, was man sagt. Der Ton fieser wird und Menschen den Eindruck machen, als würden sie nur darauf warten, zu hassen oder zu beleidigen. Der Mensch hat ein hohes Mitteilungsbedürfnis und man muss immer und überall auf dem neuesten Stand sein. Das ist echt anstrengend manchmal. All diese Krisen, all diese schrecklichen Dinge, die täglich passieren. Ob das auch so war, als meine Eltern so alt waren wie ich? An manchen Tagen merke ich, wie kräftezerrend all das ist und wie müde mich das macht. Die Welt ist ein einziges Chaos und wir machen manchmal Probleme aus Dingen, die keine Probleme sind. Und selbst, wenn ich versuche positiv zu denken, ist es schwierig. Aber ich gebe mein Bestes. Wenn mich die Welt eines gelehrt hat, dann ist es, im Hier und Jetzt zu leben. Aber immer schön die Zukunft im Hinterkopf zu behalten. Es tut und bewegt sich etwas auf der Welt, in unserer Gesellschaft. Ein Erwachen, als hätten wir die letzten Jahre geschlafen. Die Sorgen der heutigen Jugend sind definitiv berechtigt. Wenn man auch nur einen kleinen Blick auf das Weltgeschehen wirft, versteht man es. Und da soll einer sagen, dass die Sorgen einer gesamten Generation keine Daseinsberechtigung haben. Diese Lautstärke, die meine Generation aufbringen kann, ist echt Wahnsinn! Wenn die uns da oben auch nur mal hören und wahrnehmen würden. Als hätte jemand ihnen Ohrstöpsel reingesteckt. Man fühlt sich von denen nicht verstanden und gesehen. Man fühlt sich nicht sicher, als würden sie uns im Stich lassen. Keine tollen Voraussetzungen für die Zukunft.

Aus diesem Grund kann ich dir nicht einmal sagen, ob ich in den nächsten Jahren mit dir schreiben kann, weil alles möglich ist. Vielleicht geht ja die Welt unter oder so. Oder wir leben auf einer einzigen Müllhalde, auf der alles verloren ist. Obwohl wir das bereits tun. Oder ich schreibe dir, dass nun der Tag gekommen ist, an dem der letzte Eisbär gestorben ist. Ich weiß noch, wo damals mein einziges Problem war, dass Nick sein Pausenbrot mit Jessica geteilt hatte und mein junges Herz in tausend Stücke zerbrach. Manchmal wünsche ich mich in diese Zeit zurück. Das waren noch Probleme ... aber ich habe mich verändert und so auch die Probleme, mit denen ich mit beschäftige – oder beschäftigen muss. Aber eine Sache wird sich wohl nie ändern: und zwar, dass ich dir all meine Gedanken, Freuden und Sorgen anvertrauen kann.

In meinem letzten Eintrag habe ich dir geschrieben, dass ich nun ins Kino gehe, um mir „Avengers: Endgame“ anzusehen. Ein toller Film, mir kamen am Ende die Tränen! Doch mittlerweile gibt es so viele Filme und Serien, dass ich den Überblick verliere. Ich habe drei Serien, die ich angefangen, aber noch nicht zu Ende geschaut habe. Irgendwie stresst mich das, ich komme einfach nicht dazu.

Wie sich die Zeiten doch ändern ... oder ändern wir uns? Ja, wir sind für die Veränderungen verantwortlich. Einige sind beängstigend, einige gehen viel zu schnell und bei anderen denke ich mir: Wo sind wir bitte gelandet? An dieser Reise möchte ich dich teilhaben lassen – so gut ich kann.

So, jetzt muss ich aber aufhören, um den Dachboden aufzuräumen. Ich bin gespannt, welche Gedanken als nächstes auf deinen Seiten landen.

Samira

Lost Under

Während ich dieses Buch geschrieben habe, hatte ich einige mentale Tiefpunkte/depressive Phasen in meinem Leben. Ich habe mich dabei in einigen Kapiteln schriftlich begleitet und werde das zukünftig beibehalten. Damit möchte ich Menschen ermutigen, sich nicht zu schämen, wenn sie sich auch in so einem Strudel befinden.

And I'm falling down, down, down, down.
Baby, can't you see my destiny?

Somehow I got lost on the way,
I can no longer see myself.
Around me there is nothing,
even a place to stay

This nothing becomes too much,
I am like in a trance.
Can no longer wake up
and feel any touch.

And I'm falling down, down, down, down.
Baby, can't you see my destiny?

While I try to understand,
I fall deeper and deeper.
What is the chance that

someone will hold my hand?

Everything lives past me,
something inside me stops.
I am like an empty shell,
it feeds on my energy.

And I‘m falling down, down, down, down.
Baby, can‘t you see my destiny?

Something drags me down,
I can‘t breathe
Like remote controlled,
am I in a Ghosttown?

The darkness falls,
my plunge goes on.
I don‘t see the end,
trapped in the halls.

Zigarette nach dem Sex

Die Überschrift spricht für sich.

Und nun stehe ich barfuß am Fenster,
mit der Zigarette in der Hand.
Leicht verschwitzt und mit glühenden Wangen.
Ich trage dein T-Shirt und blicke zu dir.
Wie du auf dem Bett liegst,
deine Augen wandern zu mir.

Du schenkst mir ein freches Grinsen,
was mich daran erinnern lässt.
An unsere Lippen, aneinandergepresst.
Wie wir uns fallenließen,
nach dem Türabschließen.
Unsere Zungen im Kampf,
deine Hand durch meine Haare.

Gänsehaut am ganzen Körper,
die Berührungen sagten mehr als Wörter.
Unsere Kleidung – überall verteilt,
ein Chaos und wir mittendrin.

Ich wurde deins und gab mich dir hin,
deine Zunge schmeckte nach Gin.
Wie deine Hände auf meinen Körper wanderten,
deine Berührungen mich in Ekstase versetzten.

Ich nehme wieder einen Zug und starre in die Ferne,
das Nikotin benebelt meine Sinne.
In meinen Ohren summt deine tiefe Stimme.
Die Zigarette geht aus durch den Wind,
ich gehe wieder zu dir – weil wir süchtig nacheinander sind.

Dieser Weg

Baby, bitte verrate mir die Antwort,

ich suche sie ein Leben lang – egal, an welchem Ort.

Sie konsumieren en masse und genießen ihren Hummer,

„Sorry, kein Anschluss unter dieser Nummer.“

Zwischen kleinkariert und abwinken,

stehe ich und frage mich,

was richtig und falsch ist – oder gibt es das nicht?

Welchen Weg soll ich gehen, welchen Weg soll ich beschreiten,

muss ich geradeaus oder den Steinen ausweichen?

Soll ich fester treten oder die Spuren verwischen,

je tiefer in die Zeit desto mehr Lichter, die erlöschen.

Muss ich weiterlaufen oder alles wegschieben,

zu spät – der unbequeme Weg, es ist entschieden.

Doch das Umherirren bereitet mir Kopfgeficke,

ein Schritt vor, zwei zurück, an der Seite die Tritte.

Müssen wir durch Leid, um Ruhe zu erlangen,

oder bleiben wir auf ewig im Chaos gefangen?

Baby, bitte verrate mir die Antwort,

ich suche sie ein Leben lang – egal, an welchem Ort.

This place sucks, die Welt kann nicht mehr,

ich muss wachbleiben, doch meine Augen werden schwer.

Alles so lassen – geht nicht, es ist entschieden,
meinen Müll lasse ich ja auch nicht auf dem Boden rumliegen.

Denk doch an die Kinder oder an die danach,

wie sollen wir erklären, dass alles auseinanderbrach?

Baby, bitte gib mir einen Code oder die Antwort,

ich suche sie ein Leben lang – egal, an welchem Ort.

Walking on the stars

Ich liebe alles, was mit dem Weltall zu tun hat, und könnte mich jedes Mal in den Sternen verlieren. Denn es sieht oben alles so friedlich aus.

I need a break,
I already have scars.
If you look for me, I walk on the stars.

I've lost myself in desire,
the fantasy takes me higher.
I can see the mars.
I have to go 'cause I'm exhausted
dealing with the bullshit.

I need a place where is hope,
don't care about the scope.
Something pulls me there,
where I see anywhere.
Away from the atmosphere,
my place is here.

On the left side of the green moon,
I will be back but only soon.
It's the unknown that attracts me,
but the secrets here rob me of energy.

I need a break,
I already have scars.
If you look for me, I walk on the stars.

Mary kann nicht schlafen

Ich habe dieses Gedicht mitten in der Nacht geschrieben, als ich nicht schlafen konnte. Ich war müde, aber zu viele Gedanken haben mich vom Schlafen abgehalten.

Kurz vorm Schlafengehen,
muss ich mir eingestehen,
dass ich wieder einen Dialog führe.
Mit meinem Gehirn.

Oder ist es mein Verstand?
Mein Gedächtnis?
Meine innere Stimme?

So ganz plötzlich, ungefragt.
Ich bin fertig vom Tag.
Aber diese Fragen, sie lassen mich nicht los.
Gibt es den Sinn des Lebens,
oder suchen wir vergebens?

Die Gedanken, sie werden nicht leise,
ich will doch nur schlafen.
Diese Gedankenfragmente
und belanglosen Sachen
machen mir zu schaffen.

Ich folge ihnen ins Jenseits,
weil ich sowieso weiß,
dass ich wach bleibe,
und nicht schlafen kann.

Wenn man nicht an nichts denken kann,
warum sagen wir es dann?

(K)ein Anschluss unter dieser Nummer

Herzklopfen bis zum Hals, durch einen Fetzen Papier,
und das Telefon, was liegt vor mir.
Eine Reihe von Nummern, wie eine Art Schlüssel.
Der Schlüssel zu dir.
Was uns noch verbindet
und für Hoffnung steht.
Ob sie noch geht?
Es wäre mehr als Kummer,
wenn es heißt, kein Anschluss unter dieser Nummer.
Etwas geschieht mit mir,
oder doch in mir?
Es zieht an mir vorbei wie ein Stummfilm.
Während meine Augen über die Zahlen wandern,
Teile in mir erschaudern,
wenn ich an den Schmerz denke,
doch dein altes Lächeln – besser als 1000 Geschenke.
Ob ich es tun soll, frage ich mich,
die Funkstille – schmerzhafter als ein Messerstich.
Viel Zeit und Schweigen sind vergossen,
wir brauchten das – Tränen sind geflossen.
Als wärst du ein Traum,
doch ich brauche nur auf den Zettel zu schau‘n.
Hin- und hergerissen,
es hat mich sehr zerrissen,

nicht zu wissen,
was wäre, wenn.
Weiß nicht, was ich sagen soll,
ob du es findest toll,
wenn ich dir meinen Namen nenn.
Ich atme tief aus,
mein Verstand ist außer Haus.
Mit zittriger Hand wähle ich die Nummer,
bereite mich vor auf „kein Anschluss unter dieser Nummer".

Traute Schweigsamkeit

Komm, wir schweigen zusammen

Auf der Treppe, Schritt für Schritt,
bewege ich mich zur Tür.
Etwas liegt in der Luft,
die Stimmung Haute Couture.
Ich öffne sie und sehe dich,
wie du auf der Stufe sitzt,
mit dem Rücken zu mir,
du erblickst mich nicht.
Den Kopf gesenkt,
der Blick zu Boden.
Die Hände zusammen,
von Gedanken gelenkt.
Ich bewege mich zu dir
und lasse mich nieder.
Seite an Seite,
ich bei dir, du bei mir.
Du siehst mich an,
unsere Augen treffen sich.
Ich muss nichts sagen,
du verstehst es nun dann.
Sie sagen: „Komm, wir schweigen zusammen,
du musst mir nichts erzählen.
Ich bin einfach nur da,
bis sie erlöschen deine Flammen.
Du bist nicht alleine,

auch beim Weinen."
Manchmal reicht es einfach nur,
zu wissen, dass man nicht alleine ist.
Ich sitze neben dir,
damit du das nicht vergisst.
Ich bin an deiner Seite,
wir hüllen uns in Schweigen, was nicht unangenehm ist.
Komm, wir schweigen gemeinsam
und teilen den Moment.
Ich nehme dich in den Arm,
für die Seele der Balsam.
Wenn du bereit bist,
kannst du reden.
Bis dahin teilen wir die Stille,
ich will, dass du weißt,
dass du nicht alleine bist.

Heul doch, wenn du willst

Crying is therapy,
sagte man dir das nie?
Komm, ich nehme deine Hand
und lass dich nicht los.
Lehne dich an mich,
ich merke, deine Last ist groß.

Also heul doch, wenn du willst.
Und lass es raus.
In die Weiten der Nacht hinaus.
Bis wir bei den Sternen abbiegen,
die letzten Taschentücher am Boden liegen.

Du kannst auch in die Sommerluft schreien
und gleichzeitig weinen.
Bis deine letzte Träne an deiner Wange trocknet
und das letzte Stück deiner Mauer fällt.

Also heul doch, wenn du willst.
Seien es Minuten oder Stunden,
zeig sie ruhig, deine Wunden.
Du brauchst dich nicht wegdrehen,
schämen oder weggehen.
Alleine im Zimmer stehen.
Ich bin da.

Eine Busfahrt

Es war ein ganz normaler Tag im Dezember. Ich fuhr von der Arbeit nach Hause in einer – für mich zu überfüllten – Bahn. Nachdem ich endlich den stickigen Käfig verlassen und die kalte Luft einatmen konnte, stieg ich aus. Zwischen den Menschen, die alle nur nach Hause wollten oder andere Ziele hatten, trugen mich meine Beine Richtung Bus. Ich stieg ein und suchte mir den nächstbesten Platz. Das normale Prozedere: Ich setzte mich hin, legte meinen Rucksack auf die Oberschenkel, steckte meine AirPods in die Ohren und machte ein Lied an. Im Hintergrund hörte ich das Brummen des Busses. Wir fuhren los.

So wie immer schaute ich abwechselnd nach draußen und beobachtete die vielen Autos und Lichter, an denen wir vorbeifuhren. Die Menschen, die mit mir im Bus saßen. Vor mir saß ein Mann, eingepackt in einer dicken grauen Jacke, seinen Kopf schmückte eine schwarze Bommelmütze. Ich konnte ihn nur von hinten sehen. Links auf der anderen Seite saßen ein Junge und ein Mädchen. Sie kicherten verlegen und schienen ein paar Jahre jünger als ich zu sein. Verliebt schauten sie sich an. Süß, dachte ich mir. Mein Blick wanderte zu der Oma, die mit ihrer faltigen Hand einen Gehstock umklammerte. An ihren Ohren steckten lila Perlenohrringe, ihre Jacke war beige-braun gemustert.

Ganz vorne saß eine Familie, bestehend aus zwei Frauen, einem Mann mittleren Alters und drei Kindern. Eins süßer als das andere. Sie blödelten rum und erfüllten den Bus mit Lachen. Hinter dem Busfahrer – auf dem ersten Sitzplatz – nahm ein dunkelhäutiger Mann Platz, der einen schwarzen Anzug trug. Sein weißes Hemd, seine Krawatte und sein Business-Mantel saßen perfekt an ihm, in seiner linken Hand war ein Aktenkoffer. Er telefonierte und wirkte etwas gestresst. Was er wohl arbeitete? Gegenüber von ihm stand eine Frau, die etwas mitgenommen aussah. Etwas ungepflegt. Ihre Hose war zerrissen, ihre Fingernägel dreckig, ihre Haare waren verfilzt und standen in alle Richtungen ab. Ein etwas strenger Geruch umgab sie. Und keine Schuhe! Ich konnte die Kälte an ihren Füßen deutlich spüren. Welches Schicksal sie wohl ereilt hatte? Was die arme Frau wohl erlebt haben musste?

Während ich alle Menschen beobachtete, stiegen immer mal wieder welche ein und aus. Menschen, die von außen unterschiedlicher nicht sein konnten. Aber das war eine Sache, die ich schon immer an unserer Welt geliebt habe.

Ich sah den Getränkemarkt, an dem ich aussteigen musste. Schnell drückte ich auf den „Stopp“-Knopf, nahm meinen Rucksack und stellte mich zur Tür. Als der Bus anhielt, stieg ich aus und lief den Weg nach Hause, den ich seit Monaten gehe. Bei dem

Gedanken, dass ich zu Hause diese Worte zu Papier bringen würde, musste ich grinsen. Denn obwohl wir Menschen, die im Bus gesessen sind, verschiedene Geschichten zu erzählen haben, unterschiedliche Schicksale und Leben haben, an anderen Punkten im Leben stehen und woanders aussteigen müssen, haben wir dennoch im gleichen Bus gesessen. Waren für ein paar Minuten alle gleich und haben gemeinsam eine bestimmte Strecke bestritten. Und diesen Gedanken fand ich wunderschön.

Wo Wir Waren

Erinnerst du dich an damals? An die gute alte Zeit?
Die jetzt wie eine verblasste Erinnerung zu sein scheint?
An die Zeit, wo alles schwerelos und weit entfernt war,
unsere Sorgen, unser Kummer, der Schmerz.
Wo wir WIR selbst waren und gelacht haben,
wir, unsere Hände verschränkt, laufen auf den Straßen,
du bringst mich zum Lachen, wegen einem Scherz.
Hinter uns die anderen, ihre Stimmen liegen in der Luft.
Wir lebten im Hier und Jetzt, in der Gegenwart.
Währenddessen spielte sich das Erlebte in unseren Köpfen ab, wie ein Film im Kino.
Genossen den Moment, wünschten, die Zeit würde kurz anhalten.
Aber trotzdem verschwendeten wir keine Minute daran. An den Gedanken, dass es irgendwann vorbei ist.
An die Zeit, wo wir alles sein konnten.
Rockstars, Aktivisten, The Big Number und frei.
Wir waren glücklich wegen unserem High.
Berauscht vom Leben, denn die Momente machten uns betrunken.
Die Sonne ging auf und küsste wieder den Himmel.

Ein Farb- und Liebesspiel, wie in den verstaubten Büchern.
Stand für eine neue Chance und eine neue Erinnerung,
die unser Herz höherschlagen lässt.
Selbst der Regen war Befreiung, der die Ketten durchbrach und uns daran erinnerte, dass wir es fühlen konnten.
Nun wirkt alles wie ein altes Polaroid-Bild.

Der Krieg gegen den größten Gegner

Manchmal ist unser größter Gegner nur ein Spiegelbild von uns entfernt …

Tagelange Kämpfe, doch noch immer kein Ende in Sicht.
Es ist diese dunkle Stimme, die zu mir spricht.

Mir ging die Kraft aus, die letzten Tropfen Energie waren aufgebraucht. Diese Unruhe in mir wurde immer stärker und kräftiger. Als wäre in meiner Seele ein Tornado, der alles aufwirbelt und zerstört. Nicht einmal die größten Waffen halfen mir bei der Verteidigung – selbst wenn ich mich versteckte, war ich sichtbar. Pistolen. Feuer. Gewehre. Schilde. Schutzschilde. Raketen. Granaten. Die Gegner, ich hatte sie unterschätzt, sie waren einfach zu stark. Schon seit Stunden befanden wir uns im Krieg. Es kam mir vor wie Minuten, doch ich wusste, es dauerte schon länger. Die Müdigkeit sammelte sich unter meinen Augen, doch ich musste wachbleiben. Selbst, wenn mein Körper nicht mehr konnte. Und diese Stimme, meine treue Begleiterin. Sie kreist in meinem Kopf herum. Dabei war alles so gut durchgeplant. Doch dann nahm das Geschehen eine unerwartete Wendung. Ich hätte es wissen müssen, aber irgendetwas wollte es nicht wahrhaben. Im Nachhinein war es klar, wie immer. Ich fasste mit meiner

Hand an die Schläfe und bemerkte, wie meine Fingerspitzen mit Blut in Berührung kamen.

Egal, wo ich war, ich hörte sie. Die Stimme, die zwischen den immensen Lärmwellen heraussticht. Die Stimme, die mir so bekannt vorkam. Anfangs wie ein Flüstern und jetzt wie ein lautes Geschrei. Als wäre es ihre Absicht, mich abzulenken, mich in eine Falle zu locken oder vom Ziel abzubringen. Als würde sie nicht wollen, dass ich meinen Weg zum Frieden finde.

Tagelange Kämpfe, doch noch immer kein Ende in Sicht.
Es ist diese dunkle Stimme, die zu mir spricht.

Die Truppen versammelten sich. Schossen. Und wie sie schossen. Mit allen Waffen, die sie hatten. Ein Lärmpegel, bestehend aus dem Echo der Patronen, den Explosionen der Granaten und ihrem Kampfgeschrei. Sie schossen nur noch wahllos herum. „Feuer frei!“, schrie einer, „mit allem, was ihr könnt!“

Tagelange Kämpfe, doch noch immer kein Ende in Sicht.
Es ist diese dunkle Stimme, die zu mir spricht.

Wie konnte ich nur hier landen? Die Anzeichen waren doch eindeutig. Eines Tages musste es doch so weit kommen. Ich wollte gar nicht hier sein, aber ich hatte keine andere Wahl. In dieser Sekunde wünschte ich mir, es würde sich ein Loch auftun, das mich verschlingen würde. Mein Herz klopfte mir bis zum Hals. Ich kam nicht um diese Situation herum, irgendwann musste ich mich meinem größten Gegner stellen. Einem Gegner, vor dem ich immer weggelaufen war. Bisher mit Erfolg, doch ich war leichtsinnig. Und passte für einen Moment nicht auf. Dann holte mich dieser Gegner ein. Vor mir sah ich den Rattenschwanz, der sich durch die vergangenen Jahre zog. Verdammt, die Anzeichen waren doch eindeutig!

Tagelange Kämpfe, doch noch immer kein Ende in Sicht.
Es ist diese dunkle Stimme, die zu mir spricht.

Ich hatte Angst. Große Angst. Verzweifelt versuchte ich mich wegzureißen und von dieser Stelle loszukommen. Doch es ging nicht. Verdammt, schrie ich innerlich. Mir wurde alles zu viel. Ich fühlte mich so, als würde etwas mit bloßen Händen meine Lunge zerquetschen. Mein Herz klopfte mir bis in den Hals, jeder Herzschlag schmerzte und hämmerte so stark gegen die Brust, dass ich dachte, jemand hämmert mir Nägel in meinen Brustkorb. Immer noch diese Stimme, die lauten Geräusche, der Lärm. Ich war so vertieft in diesem Krieg, dass ich den Schatten nicht bemerkte, der sich über mich aufbaute. Komisch, obwohl die Sonne so stark auf uns herabschien, konnte ich alles klar und deutlich sehen. Langsam und vorsichtig richtete ich meinen Kopf nach oben, blickte dieser Gestalt direkt in ihre Augen – und erstarrte. Sie war da. Und hatte mich gefunden. Der Gegner, der zu dieser Stimme gehörte, die mich seit Stunde eins begleitete. Die Augen, gefüllt mit Schadenfreude und mit einem boshaften Grinsen. Jetzt habe ich dich und du entkommst mir nicht, sagte der Gesichtsausdruck aus, du wirst für immer meine Gefangene sein. Ich schaute auf das große Ganze – der Gegner war ich selbst.

Heal

Heilung erfordert Mut. Ich weiß, dass es schwierig ist, aber am Ende lohnt es sich – ihr werdet sehen. Ich wollte so oft aufgeben, aber habe mich aufgerafft. Wenn ihr ans Aufgeben denkt: Lest euch das Gedicht durch und schaut auf euren Weg zurück. Wie weit ihr schon gekommen seid und was ihr geschafft habt – seid stolz auf euch!

I closed my eyes and saw dark times,
even in the nothing all the lies.
Take the pain of my destroyed soul,
since forever I‘m the hole.

Demons stayed but I didn‘t want them there,
do you think there are angels somewhere?
The scars remind me of the war,
even this memories are in the jar.

My biggest enemy was myself,
pulled by their shackles into half.
Sleepless nights, yet I dreamed,
saw the mirror and was ashamed.

I saw darkness in different shapes,
selfish world, selfish types.
Silence, although everything was loud.
My biggest wish was sitting on the cloud.

I was in a trance and cried to the oceans,
for a long time I had to overcome mountains.
Although I was at the end of my rope,
a spark burned because of hope.

Now I sit here and write these lines,
and look back on these times.
The scars are healed, the sky is blue,
I turn around and look at you.

Herz. Still. Stand

Nachdem die Welt still. stand für Monate und Jahre,
Stunden, die ich für immer in mir trage.
Ich, gefangen in meinen vier Wänden.
In Gedanken, Zweifeln, meiner Dunkelheit.
Umgeben von Dämonen aus der Vergangenheit.
War das Licht zu sehen, am Ende des Tunnels.
Sommer, die Sonne strahlte mit mir um die Wette,
meinen Seelenfrieden trug ich wie eine Kette.

Alles in mir freute sich auf den Abend,
der magisch werden sollte, was ich nur nicht wusste,
und ich erst einmal herausfinden musste.
Mein Oberteil, so rot wie mein Lippenstift.
Stach heraus wie eine Flasche grünes Gift.

Ich freute mich auf die Gespräche und Gelächter,
gutes Bier und Musik für die Ohren.
Einen Abend, worauf ich mich freute.
Normalität und ein Weg der Erholung.
Freiheit. Ob sie wirklich kam?

Schon sah ich sie, die Symbole der Freiheit,
mit einem Lachen im Gesicht.
Keine Sorgen, kein Kummer, kein Leid.
Geschichten und Erinnerungen für die morgige Zukunft.

Doch ich wusste nicht, dass es heute stattfand,
dass mein Herz. Still. Stand.
Als er auf mich zukam, umgeben von Coolness,
ich wusste nicht, ob es real ist.
Aber es fühlte sich so an.
Kurz blieb die Zeit stehen,
Lass es wirklich sein, hörte ich mich anflehen.
Seine warmen Augen stachen hervor.
Diese Farbe kommt in meinen Gedankentresor.

Sein Wesen, seine Art und das Lächeln,
die Wärme in seinen Augen ging nie verloren.
Egal, was er tat und sagte,
immer schaute ich ihn an, ich war es, die es dann wagte.

Wie sich unsere Blicke trafen, als wäre es magisch.
Avada Kedavra auf Expelliarmus, nur mehr fantastisch.
Wir lächelten und sahen uns weiter an.
Redeten, tanzten, der Abend unvergessen.
Umhüllt von dieser Magie, seitdem mein Herz. Still. Stand,
als die Sonne aufging, war das erst das Ende vom Anfang,
ich denke immer daran, wenn er heute nimmt meine Hand.

Schmatzende Aggression

An manchen Tagen denkt man sich doch: „Endlich Sommer!“ An anderen Tagen jedoch: „Warum muss es so verdammt warm und stickig sein?“ So wie Fivi, als sie in der S-Bahn stand. Eingeengt zwischen schwitzenden Menschen, die alle vergeblich nach Luft japsten, ins Leere starrten oder sich durch die Musik in den Kopfhörern in eine ihr fremde Welt treiben ließen. Fivi liebte den Sommer. Aber diese stickige Luft in den öffentlichen Verkehrsmitteln hielt doch kein Mensch aus! „Nächste Station: Marienplatz. Bitte rechts aussteigen!“, ertönte es auf einmal durch das Abteil. Erleichtert atmete Fivi aus – endlich konnte sie raus aus der Hölle. Sie zwang sich durch die Menschengruppe, um zur Tür zu gelangen. Ihr Weg in die Freiheit, dachte sich die junge Frau, als die Bahn stehenblieb und sie endlich draußen war. Doch zu ihrer Überraschung standen sie gar nicht an der Station. Fivi schaute aus dem Fenster – und sah nur schwarz.

„Werte Fahrgäste. Aufgrund von vorherigen Verzögerungen müssen wir warten, bis die Bahn vor uns das Gleis freimacht. Unsere Weiterfahrt wird sich um wenige Minuten verzögern.“

Genervt verdrehte Fivi die Augen. Das konnte sie so gar nicht gebrauchen. Aber gut, was war auch anderes zu erwarten? Gelangweilt schaute sie aus dem Fenster. Und dann hörte sie es.

„Das darf nicht wahr sein!“, murmelte Fivi.

Leicht angespannt drehte sie sich nach links und beobachtete heimlich einen jungen Mann, der ein belegtes Brot in der Hand hatte und genüsslich davon abbiss. Die Bisse und das Kauen konnte Fivi hören – und wie sie es hören konnte. Und dann noch dieses Schmatzen. Machte sie das aggressiv! Sie hasste es, wenn Menschen beim Essen schmatzen. Das triggerte Fivi so sehr, dass sie den Leuten ihren Teller am liebsten ins Gesicht klatschen oder sie anschreien würde. Was ist bitte daran so schwer, mit geschlossenem Mund zu essen?! Mit jedem Schmatzen des Mannes brodelte es in Fivi noch mehr. Sie spürte, wie die Aggression immer weiter hochstieg und irgendwann ihren Kopf erreichte. Wütend holte sie sich ihre Kopfhörer raus und drehte die Lautstärke der Musik auf, um das Schmatzen nicht mehr hören zu müssen. Doch das Schmatzen in ihrem Kopf war noch da – und sie wurde es nicht los. Das Universum meinte es wohl doch gut mit Fivi, denn die S-Bahn fuhr weiter. In der ersten Sekunde, nachdem die Bahn stehengeblieben war, drückte sie ungeduldig auf den Knopf und rannte hinaus ins Freie.

Zügig lief Fivi Richtung Rolltreppe. So wie immer schweifte sie in ihren Gedanken ab. Ihr schnelles Kopfkino. Von ihrer Vorstellung, wie der Abend mit ihrer Freundin wohl ablaufen könnte, ihrer Arbeit bis hin zu ihrer Partnerin war alles dabei. Bis sie auf einmal an eine lustige Stelle einer Serie denken musste, die sie vor vielen Jahren geschaut hatte. Schon damals fand sie sie Szene urkomisch und hatte Tränen gelacht. Fivi presste ihre Lippen aufeinander, um nicht gleich vor allen Fremden laut loslachen zu müssen. Meine Güte, war das anstrengend! Aber sie musste sich zusammenreißen, sonst würden die Leute um sie herum denken, sie hätte einen an der Klatsche. Sie schloss ihre Augen und zählte langsam bis zehn. Heimlich atmete sie aus und öffnete ihre Augen wieder – was der perfekte Zeitpunkt war, denn sie war nun am oberen Ende der Rolltreppe angelangt. Schnell drängte sich Fivi an einer älteren Dame vorbei und machte sich auf den Weg zur Bar.

Sprechende Lagerfeuer

Ein Herz für Lagerfeuer!

Rot und orange. Knisternde Feuerflammen.
Rauch, der in den Nacht-Himmel steigt.
Mit uns, wir sitzen auf der Bierbank – zusammen.
Keiner ist hier, nur wir und die Nacht.
Und das Feuer. Wärme und Schmerz.
Unter den Sternen öffnest du mir dein Herz.
Es wird kalt. Doch das ist uns egal.
Weil die Worte uns in den Bann ziehen.
Und wir in die Welt des anderen fliehen.
Wir fühlen uns wohl in der Gegenwart des anderen,
kein Druck ist zu verspüren.
Nur das Verlangen nach reden und zuhören.
Unsere Seelen steuern unsere Worte,
wir lassen unsere Herzen sprechen.
Verschwiegenheit und Geheimnisse,
was in dir schmerzt und was ich vermisse.
Wie wir die Welt sehen und wo wir als nächstes hingehen.
Die Gedanken tanzen mit dem Feuer um die Wette.
Stillstand. Weil ich mich an deinen Worten festkette.
Bis die Sonne aufgeht und keine Flamme mehr steht.
Die Wege sich trennen.
Denn gegen Zeit können wir nicht rennen.

Was uns verbindet, ist der Moment.
Ich weiß, selbst, wenn wir nur daran denken,
spüren wir die Wärme des Lagerfeuers.
Und diese Erinnerung, die wir uns einst schenkten.

Mondaufgang

Nochmal: Ich liebe alles, was mit Weltall zu tun hat. Planeten, Sterne, andere Lebewesen, die Farben, schwarze Löcher, Universen. Seit ich klein bin, interessiere ich mich sehr für dieses Thema. So komplexe und weite Gedanken, die kein Ende finden – wie der Weltraum. Wir sind ein kleiner Teil von etwas, das kein Anfang und Ende hat. Einfach unbeschreiblich ist. Kaum zu glauben, dass unsere Galaxie nur ein Bruchteil von allem ist.

Die Stunden sind vorbei. Wie im Flug.
Ich blicke auf das zurück, was der Tag mit sich trug.
Die Sonne.
Sie küsst mit ihren Strahlen unser Leben und malt in den schönsten Farben auf dem Himmel. Ihre Leinwand.
Ein Schimmer. Ein Spiel. Sie geht unter und der Malkasten gleich mit.
Das Spiel ist vorbei, aber es gibt keinen klaren Sieger.
Die Rot- und Gelbtöne verblassen und verschwinden hinter den großen Bäumen.
Ein Wunder, was wir nicht sehen. Weil wir es jeden Tag sehen. Es an uns vorbeirauscht wie ein schnelles Auto.

Fliegender Wechsel. Die Leinwand nimmt eine andere Farbe an. Und dieses Blau … so dunkel, so unbeschreiblich.
Eine Decke, die mit Sternen geschmückt ist, die von hier unten so aussehen wie kleine Perlen.
Meine Augen sind auf dieses Meisterwerk gerichtet.
Und dann das Highlight auf dem Bild. Der Mond.
Für viele von hier nur ein weißer Kreis, der jede Nacht zu sehen ist. Für mich ein Gestaltenwandler.
Ein Mondaufgang.
Der mir erlaubt zu träumen.
Zu spekulieren, was da draußen sein könnte. Welche Farben, Leinwände, Bilder und Planeten sich in den unendlichen Weiten verbergen.
Das mich neugierig werden lässt und meine Fantasie antreibt.
Mich zu fragen, was andere Wesen sehen. Zu erinnern, dass wir nur ein Bruchteil sind, der unvorstellbar klein ist.
Wir sind ein minimales Stück der unbeschreiblich großen Leinwand, das sich Universum nennt.
Aber trotzdem existieren wir. Unglaublich, oder?

Black Boots

I slam the door and run away,
the demons left behind me, but that’s okay.
My mother still shouts after me:
„Young lady, life is sometimes not the way you want it to be.“

My hand grips my black bag,
today I rock my boots which are also black.
My pants, as torn as my hope,
red lipstick, because that’s dope.

I wanna cry, just want to try,
but the teenage dream drives by.

From the distance I hear the loud music,
damn, these people ain’t basic.
They dance and sway their hips to the beat,
let themselves fall, they are addicted to the heat.

Soon my black boots dance,
the clear is my best friend.
All the hands are in the air,
Oh darling, this feeling is leger.
Elvis, Johnny Cash and The Cramps,
are like the kryptonite for my peace.
My lips are smeared, look at these.

I can forget for a moment and fly,
Finally you dance with me – sober you were shy.
I let myself fall, the invisible always with me,
but the morning after my bed is empty.

I wanna cry, just want to try,
but the teenage dream drives by.

Sonne und Melodien

Und wir tanzen barfuß auf den Straßen.
Mit Melodien im Ohr,
mit einem Lächeln auf den Lippen,
mit Sonnenstrahlen im Gesicht,
mit der Freude in jedem Herzschlag.
Und vergessen für ein paar Minuten,
die Last und den Schmerz.
Was in dem Moment
wie eine verblasste Erinnerung zu sein scheint.

The Switch

Ich wünschte, ich könnte dir den Schmerz nehmen
und mit dir tauschen – aber ich kann es nicht …

They say that eyes are the door to the soul
and show what's inside of you.
When I look in yours I can see pain,
anger and a few tears, too.
You wouldn't tell me what's going on,
because you think that I wouldn't understand it anyway.
You feel weak and powerless, but darling that's okay.

I see that you are struggeling,
but I can't take away your pain.
I wish I could switch places with you
and break all of the chain.
Don't worry I can see all of you,
even the things you wanna hide.
Take my hand, you are not alone,
together, side by side.

It's not fair that you have to go through this,
I can see the storm in your eyes.
I feel that it takes your breathe away,
it's hard, the darkness times.
The rings show that you are tired and

your tank is depleted.
I'm sorry for this hell,
but this mission is not completed.

I see that you are struggeling,
but I can't take away your pain.
I wish I could switch places with you
and break all of the chain.
Don't worry I can see all of you,
even the things you wanna hide.
Take my hand, you are not alone,
together, side by side.

What if ...?

Wir sind verschieden, aber fühlen trotzdem alle …

What if she cries?
What if they see it?
What if he can hear it?
What if we share all the same pain?
Because we are going to be mad in this world?
Nothing lasts forever because everything changes
The enemy is injustice and the hands that feed it
We are different but somewhere not eather
Although we set different tracks on the ball
What if we share all the same destiny?
We all complete the colorful blanket
And go different ways
Until we leave and die
What if he can hear it?
What if she sees it?
What if they cry?

Kopf frei

Wie bekommt ihr euren Kopf frei?

Hinter mir. Alles wird kleiner.
Schaue nicht zurück, ich laufe immer weiter.
Mich engt alles ein, ich muss hier raus.
Mit meinen sieben Sachen und dem reinsten Kopf-
chaos.

Kopf frei. Ist das, was ich will.
Damit aus laut wird still.
Aus Chaos wird Ordnung.
Ich sehe schon die Kreuzung.

Schritt für Schritt dem Ziel näher,
ist doch gar nicht so schwer.
Ich merke, wie ich leichter werde,
zwischen dieser Menschenherde.

Hole tief Luft und lasse alles raus.
Drinnen gehen die ersten Lichter aus.
Kopf frei. Ist das, was ich brauche,
ich sehe es und laufe.

Denke an die nächsten Minuten,
doch ich brauch es nicht zu versuchen.
Weil das Chaos weitergeht,
während die Sonne untergeht.

Die Worte hallen im Raum,
nein, es war kein Traum.

Ich laufe immer weiter
und sehe den Fluss.
Wäre gerne frei wie Wasser.
Nein, weil ich weiterlaufen muss.

Kopf frei. Ist das, was ich will.
Damit aus laut wird still
und ich zurückkehren will.

Die Luft riecht nach warm,
es hat so seinen Charme.
Ich merke die Flügel,
und sehe den Hügel.

Kopf frei. Ist das, was ich brauche, Mann.
Damit ich loslassen kann.
Sonnenuntergang.

Gedanken unter der Dusche

Die Klamotten auf den Boden, Playlist an, Bademantel und Handtuch aufgehängt – so muss das für mich sein. Nach wenigen Sekunden spürte ich bereits die warmen Wassertropfen, die auf meinen Körper prasseln. Zufrieden shampoonierte ich meinen Körper ordentlich ein und trällerte den Song mit, der im Hintergrund lief. Es duftete nach Beere und Vanille. Danach wusch ich das Shampoo ab und widmete mich nun meinen Haaren, die jetzt ebenfalls nass waren. Als ich zur nächsten Shampooflasche griff, passierte es: Denn ich war nicht alleine.

„Hallöchen!“, rief plötzlich eine Stimme. „Hast du mich vermisst?“

Nein, nein, nein. Bitte nicht! Das kann einfach nicht sein. Ich verzog verzweifelt das Gesicht und rollte innerlich mit den Augen.

„Was machst du denn hier?!“, schrie ich die Stimme an. „Und wie kommst du hier rein?“

„Ach, weißt du“, antwortete die Stimme, „bei dir ist immer eine kleine Hintertür frei und deswegen fällt es mir leicht, dich zu besuchen. Und ich kann selbst entscheiden, wann und wie oft ich dich besuche.“

„Hat dir das gestern beim Putzen nicht gereicht?“, fragte ich genervt, während ich mein Shampoo zurückstellte.

„Hihi, das war schon echt lustig“, kicherte die Stimme, „als du dich daran erinnert hast, wie du mit 17 beim Feiern gehen ausgerutscht und die Treppen runtergefallen bist. Waren nicht gerade wenige Augenpaare, die auf dich gerichtet waren.“

„Danke, das hatte ich erfolgreich verdrängt. Und ich kann nichts dafür, wenn Leute im Suff ihre Getränke nicht richtig halten können und die Hälfte des Glasinhalts auf dem Boden landet“, rechtfertigte ich mich.

„Oh, da fällt mir ein“, sagte die Stimme, „gestern war ich noch gut zu dir. Erinnerst du dich letzten Monat, als du dich beim Wäsche aufhängen daran erinnerst hast, wie du deine alte Tennislehrerin aus Versehen Mama genannt hast? Oder als du letzte Woche Müsliriegel selbst gemacht hast? Eigentlich warst du ja in der Küche, weil du beim Kochen und Backen entspannen kannst …“

Mit einem finsteren Blick starrte ich die Stimme an. Wie konnte ich das vergessen?! Kennt ihr diesen Moment in Clubs oder auf Partys, wo ihr mit Leuten ins Gespräch kommt und am nächsten Tag denkt: Fuck, ich habe wieder viel zu viel geredet – und wahrscheinlich wieder viel zu Deep-Shit oder peinliche Sachen über mich selbst erzählt. Meistens Leuten, die ihr gar nicht kennt.

„Du kannst mir heute gar nichts“, versuchte ich abzulenken. Siegessicher machte ich kurz das Wasser aus und griff nach meinem Handy. Ich suchte ein Lied aus, erhöhte die Lautstärke und legte das Smartphone zufrieden auf die Fensterbank.

„Glaubst du wirklich, dass dich das rettet?", fragte die Stimme provokant.

Ich zuckte mit den Schultern. „Ja, sonst hätte ich es doch nicht gemacht, oder?"

Stille. Endlich Stille.

Zufrieden nahm ich wieder nach der Flasche und massierte das Shampoo in meine Haare ein. Danach machte ich wieder das warme Wasser an und stellte mich unter die Wasserstrahlen. Ich spürte den Schaum, der sich immer mehr von meinen Haaren löste und sich auf den Badewannenboden verteilte.

„Erinnerst du dich daran, als du gestern gegen die Tür in der S-Bahn gelaufen bist?", hörte ich plötzlich in der Stille. „Oder als du dich mit deiner Freundin getroffen hast und von hinten auf eine Person zugerannt bist, weil du dachtest, sie wäre es? Du bist sogar gefühlt auf sie draufgesprungen wie eine Verrückte. Mann, war das peinlich, und dann auch noch diese Blicke von allen Seiten!"

Ich erstarrte und riss die Augen auf. Sofort landete Shampoo in meinen Augen.

„Scheiße!", schrie ich und machte das Wasser aus. Ich rieb meine Hände in die Augen, was es nur noch schlimmer machte. Das brannte wie Feuer.

„Sag mal, musste das sein?", motzte ich die Stimme an. „Als hätte eine Erinnerung nicht gereicht."

„Hihi, ich habe doch gesagt, dass das nichts bringt. Und doppelt hält besser. Nichts kann mich davon abhalten, dir peinliche Erinnerungen ins Gedächtnis zu rufen. Denn ich bin immer noch du, vergiss das nicht.“

Genervt und gereizt wusch ich den restlichen Schaum von mir weg und versuchte mit Wasser, dem Brennen in meinen Augen entgegenzuwirken. Was zum Glück half. Ich stellte das Wasser ab und stieg aus der Wanne.

„Wie könnte ich das vergessen. Danke. Danke für nichts!“, murmelte ich nur und griff nach meinem Bademantel.

Kaffee-Date mit mir selbst

Schon wieder diese Eiseskälte, so wie gefühlt jeden Dezember. Meine Zehen genauso eingefroren wie meine Hände. Der dunkle Himmel wurde von den Lichtern beleuchtet, die jeden Abend in München eine große Party schmeißen. Ich liebte dieses Farbspiel. In den Fußgängerzonen tummelten sich viele Menschen. Manche in Gruppen, manche als Paar, manche – so wie ich – alleine. Doch das störte mich nicht wirklich, das Alleinsein. Ein Kaffee-Date mit mir selbst – warum eigentlich nicht? Viele können nicht alleine sein, ich aber schon. Schließlich begleite ich mich ein Leben lang, also muss ich auch mit mir selbst klarkommen und für mich eine gute Gesellschaft sein, was ich bin.

Gedanklich sah ich mich schon im warmen Café sitzen, das ich nun betrat. Mich empfing nicht nur der angenehme Geruch von Kaffeebohnen, sondern Gespräche, Gelächter und das Klirren von Gläsern. Komisch, als wäre das Leben im Café von der Außenwelt abgeschottet, denn draußen ging es deutlich anders zu. Als würde ich eine andere Welt betreten, die warm war.

„Nur für eine Person", antwortete ich, als mich der Kellner mit einem fragenden Blick ansah. Er schien etwas verwirrt zu sein. Hm, vielleicht machen so was nicht viele Leute, sich selbst auf ein Date einladen. Ich hatte auch das Gefühl, dass alle Augen auf mich gerichtet waren – besonders, als ich mich alleine auf eine Ledercouch setzte, die mir der Kellner zeigte. Doch auch das störte mich nicht wirklich, schließlich sind mein Stift und Notizbuch zwei meiner engsten Freunde.

Während ich mich auszog, betrachtete ich das Café genauer: überschaubar, gemütlich, rustikal eingerichtet, gute Musik, angenehme Belichtung und der Geruch von Essen kam aus der Küche. Ich bestellte einen Karamell-Macchiato mit Mandelmilch, irgendwie hatte ich Lust drauf. Die anderen Gäste beachtete ich nicht weiter. Ich erwischte mich, wie ich meinen Fuß und meinen Kopf im Takt bewegte. Obwohl ich merkte, wie sich die Müdigkeit unter meinen Augen ansammelte, hatte ich das Gefühl von Wachsein und Glück. Ich war glücklich. Als würde ich wieder atmen können. Meine Gedanken tanzten Tango, obwohl sie sich nicht bewegten.

Und dann kam er endlich, mein Kaffee, der von einer lächelnden Bedienung gebracht wurde. Endlich! Die Wärme des Getränks verbreitete sich in meinem ganzen Körper. Was echt nötig war, denn die Tür ging immer mal wieder auf und dadurch schlich sich die Kälte herein. Ich spürte Gänsehaut auf meinen Armen. Zufrieden und in meinen Gedanken versunken, genoss ich meinen Kaffee und konzentrierte mich auf die Geräuschkulisse. Irgendwo lachte eine Frau ganz laut, dann klingelte es aus der Küche, aus meinen Augenwinkeln heraus sah ich die Bedienungen hin- und herlaufen. Die Kaffeemaschine lief auf Hochtouren. Der Barkeeper schenkte Schnaps in ein Glas ein und schnitt Orangen. Meinen Rücken lehnte ich an zwei braune Kissen, damit ich rechts aus dem Fenster schauen konnte. Erwachsene und Kinder liefen vorbei, alle dick angezogen, die Schultern hochgezogen, die Hände in den Jackentaschen.

Ich mochte es hier. Obwohl die Geräuschkulisse laut war, konnte ich abschalten. Es beruhigte mich und für ein paar Minuten konnte ich mich mit mir selbst befassen. Für einen kurzen Moment hatte ich das Gefühl, dass sich meine Welt etwas langsamer drehen und sich dem Leben des Cafés anpassen würde. Und es war schön.

Museen der Zukunft

„Hallo Oma“, begrüßte Simon eine 70-jährige Dame mit langen grauen Haaren, als sie die Tür zu einem großen Haus öffnete. Er genoss die Tage, die er bei seiner Oma verbringen durfte. Seine Freunde verstanden es nicht so ganz, warum man seine Zeit „freiwillig mit alten, langweiligen Leuten“ verbringt, aber Simon war das egal. Er liebte seine Oma, sie hatte ihn mit großgezogen, also warum ihr den Rücken kehren, nur, weil er jetzt ein Teenager war.

„Simon, mein Schatz“, sagte sie in einer etwas rauchigen Stimme und umarmte ihren Enkel, „schön, dass du da bist. Komm rein!“

Wahnsinn, wie eine so zierliche Frau einen so fest und herzlich umarmen konnte. Aber das war wohl eine Superkraft der Omas. Simon betrat den Eingangsbereich, zog seine Schuhe aus und folgte seiner Oma Richtung Flur. Irgendwie hatte der Flur etwas. An den Wänden waren nicht nur Bilder von der Familie und von Freunden, sondern auch ein langes Wandregal aus Holz – was heutzutage echt eine Seltenheit in Häusern war. In den Fächern lagen Sachen, die Simons Oma an ihre Jugend erinnerten, wie eine Nintendo-Switch oder Marvel-Lego-Sets. Für Simon war das immer wie eine kleine Zeitreise, bis er die Küche betrat, die jedes Mal nach Keksen roch. Keiner konnte so gut Kekse backen wie seine Oma. Kürzlich verriet sie ihm sogar die geheime Zutat: Hafer- und Mandelmilch. Normale Milch kam ihr nicht ins Haus. Zu sehr tat es ihr weh, was den Kühen angetan wurde.

„Magst du etwas trinken?“, fragte Oma. „Essen gibt es erst in einer Stunde, Opa ist noch arbeiten.“

Er nickte. „Kannst du mir einen Karamell-Macchiato mit Hafermilch machen?“, fragte Simon. „Den hast du doch früher immer so gerne getrunken.“

Oma grinste. Laut seinen Eltern war er zu jung, um Kaffee zu trinken, aber seine Oma sah das anders. „Einer geht schon“, sagte sie immer. Allgemein durfte er so viel bei ihr. Er durfte länger aufbleiben und länger zocken. Am liebsten mochte er es, wenn sie und Opa ihm Geschichten aus ihrer Jugend erzählten.

Während Oma ein buntes Glas, welches aus Altglas bestand, unter die Kaffeemaschine stellte und „Karamell-Macchiato“ sagte, setzte sich Simon an einen kleinen Esstisch und schaute ihr zu. Schon hörte er das Brummen der Maschine.

„Wie war die Schule diese Woche?“, wollte Oma wissen.

Simon zuckte mit den Schultern. „Ach, nicht wirklich spannend. Unsere Prüfung in Medienkompetenz hat sich verschoben, weil unsere Lehrerin Corona hat. Kennst du das?“

Wieder musste Oma grinsen. „Oh ja, und wie ich Corona kenne. Aber“, sie winkte ab und reichte Simon das dampfende Glas, „davon können Opa und ich dir gerne später mehr erzählen.“

„Sie darf gar nicht raus, unsere Lehrerin!“, sagte Simon. „Kannst du dir so etwas Schlimmes vorstellen?“

„Und wie ich das kann“, flüsterte sie.

Der Teenager nahm einen großen Schluck von seinem Getränk. Herrlich!

„Und wir waren diese Woche in einem Museum“, erzählte Simon weiter, „das war richtig cool! Da musste ich an dich denken, Oma.“

„Warum? Hast du alte Fossilien gesehen?“, scherzte sie.

„Oma!“, sagte Simon vorwurfsvoll, aber auch belustigt.

„Tut mir leid. Aber wie schön, das haben wir früher auch manchmal mit der Schule gemacht“, erinnerte sich Oma. „Was hat dir denn am meisten gefallen?“

Simon überlegte. „Am coolsten fand ich den Technikraum, wo alte Spielekonsolen zu sehen waren. Da waren zum Beispiel eine PlayStation 5 und DVD-Player, die Opa früher hatte. Richtig retro!“

Oma lachte auf. „Ja, das waren noch Zeiten“, sagte sie amüsiert. „Was noch?“, fragte Oma neugierig.

„Es waren noch verschiedene DVDs und Blu-rays zu sehen“, sagte Simon. „Daneben war das

Kunstabteil, aber ein Bild habe ich nicht so wirklich verstanden. Was hat denn eine Tomatensuppe mit dem Klimaschutz zu tun?“

Noch bevor seine Oma antworten konnte, redete er weiter: „Kaum zu glauben, dass die Menschen früher mit Pinsel und Farbe gemalt haben. Das war noch richtige Kunst, findest du nicht?“

Oma nickte. „Jetzt ist all das nicht mehr“, sagte sie etwas traurig. „Jetzt musst du nur noch Befehle eintippen und schon hast du ein Bild. Das ist doch keine Kunst!“

Simon stimmte ihr zu und nippte an seinem Kaffee weiter. „Und ich habe Robert Downey Jr. und Johnny Depp gesehen!“, platzte es aus ihm heraus.

Oma runzelte ihre faltige Stirn.

„Na, es waren Hologramme in einem Raum, wodurch verschiedene Stars und Politiker mit einem geredet haben. War anfangs etwas gruselig, aber richtig fancy!“

„Wen hast du noch gesehen?“, fragte Oma.

„Hmmmm“, überlegte Simon, „es waren so viele …oh, jetzt fällt es mir wieder ein! Barack Obama und Felix Kjellberg waren noch zu sehen. Taylor Swift und Ed Sheeran auch.“

„Ed Sheeran hat dein Opa früher sehr gerne gehört“, verriet Oma. „Jedes Mal, wenn ich ihn höre, fühle ich mich wieder wie Anfang 20.“

Jetzt war es Simon, der grinsen musste. Einmal erwischte er seine Oma, wie sie in der Küche zu der

Musik des Sängers tanzte, während das Lied aus einem – wie nannte man das alte Ding – Bluetooth-Box, hörte. Doch dann erinnerte er sich an eine Sache, die ihn traurig machte, und seufzte.

„Was ist, mein Junge?“, fragte Oma besorgt und legte ihre kleine Hand auf die ihres Enkels. „Was bedrückt dich?“

„Was ich ein bisschen traurig fand, war der Raum mit den Tieren“, sagte Simon. „Gab es damals wirklich Eisbären, Meeresschildkröten und Tiger?“

Die Erde beim Arzt

Seien wir mal ehrlich: Wäre die Erde ein Mensch, dann wäre sie übersät mit Narben und Wunden. Und sie bräuchte dringend eine Therapie oder einen Arztbesuch. Ob wir uns das eingestehen wollen oder nicht – wir als Mensch tragen die Schuld.

„Kannst du bitte den nächsten Patienten reinholen?“, fragte Vera ihren Assistenten.

Er nickte. „Als nächstes kommt eine Patientin, die zum ersten Mal hier ist“, meinte er, während Vera zurück ins Besprechungszimmer ging.

Die ersten Gespräche fand sie immer besonders spannend. Es dauerte keine zwei Minuten und schon kam sie rein. „Hallo Erde. Schön, dass wir uns endlich kennenlernen“, sagte Vera mit einer sanften, beruhigenden Stimme. „Bitte, nimm doch Platz.“ Die Erde zögerte noch etwas, schließlich war die Situation etwas ungewohnt für sie. Das sollte also ihr Schicksal sein?

„Ich fühle mich etwas fehl am Platz“, flüsterte sie. „Ich sollte gar nicht hier bei Ihnen sein.“

Vera lächelte: „Hier ist ausreichend Platz für dich. Du bist hier in Sicherheit. Das hier ist dein Safe-Place, dieses Wort habe ich gestern zum ersten Mal gehört. Und übrigens: Hier duzen wir uns.“

Übersäht mit Wunden und Narben versuchte die Erde mit ihrer letzten Kraft, sich hinzusetzen. Nach einer Zeit entspannte sie sich etwas, doch die Scham überrollte sie immer noch – so wie seit Ewigkeiten.

„Ich merke, dass du nervös bist. Warum schämst du dich?“, fragte Vera, die ihre Patientin mit ihren Sternenaugen weiterhin musterte. Die Erde schaute beschämt zu Boden. „Ich habe letztens einen Asteroiden getroffen und er meinte, dass er mit deiner Hilfe auf die richtige Bahn gelangt ist. Viel konnte er mir nicht sagen, weil er es sehr eilig hatte“, murmelte die Erde, ihr Blick immer noch auf den Boden gerichtet. Wie konnte es nur so weit kommen? Was hatte sie getan, um so bestraft zu werden? Doch sie wusste, es gibt keinen Ausweg. Sie musste es einfach tun. Der Planet holte tief Luft, was ihm schwerfiel, denn seit einiger Zeit bereitete ihm das Atmen höllische Schmerzen.

„Welcher Planet besucht bitte einen Arzt?“, platzte es aus der Erde heraus. „Das ist so beschämend. Alle Planeten machen sich lustig über mich. Dabei war ich doch für etwas viel Höheres bestimmt. Ich muss das aushalten, was sie gar nicht müssen. Wenn ihnen das gleiche Schicksal erfahren würde, hätten sie nichts mehr zu lachen!“

Vera gab ihr ein Taschentuch und versuchte sie zu beruhigen. „Ich kann deine Erschütterung verstehen. Aber du bist nicht der einzige Planet, der mich besucht. Nur, weil du viele nicht sehen kannst, heißt es nicht, dass du alleine bist.“

Die Erde wischte sich die Tränen weg. „Schau mich doch mal an. Narben, Wunden, ich fühle mich, als wäre ich am Ende. Es ist die Hölle. Ich habe große Schmerzen und sie gehen nicht weg. Und diese Parasiten – ich werde sie einfach nicht los“, weinte sie.

„Das stimmt. Das letzte Mal, als wir uns gesehen haben, hast du wunderschön ausgesehen“, erinnerte sich Vera, „in deiner vollsten Pracht. Diese Blau- und Grüntöne – unbeschreiblich.“

Die Erde nickte. „Genau und jetzt schau mich an. Meine Energie ist weg, meine Schönheit wurde zerstört, mein Durst kann nicht mehr gestillt werden, nichts ist mehr so, wie es mal war.“

Vera ließ die Erde ausweinen. Verdammt, das wird schwieriger als ich dachte, sagte sie zu sich selbst in Gedanken. Was sie wohl alles erlebt haben muss? Das klang auch nicht nach den Folgen des Mondes. Nein, da steckte mehr dahinter.

„Du hast vorher Parasiten erwähnt“, sagte Vera, „was ist mit ihnen?“

Die Erde seufzte. „Am Anfang war noch alles in Ordnung“, begann sie, „da habe ich sie nicht mal wirklich bemerkt. Alles war friedlich und ihre Anwesenheit schien mir nicht zu schaden. Aber jetzt – das geht alles in eine Richtung, wo es um Leben und Tod geht. Täglich werden sie mehr. Mir fehlt die Luft zum Atmen.“

Vera schluckte. Von solchen Parasiten hatte sie noch nie irgendwas gehört und sie existierte schon ewig. Das muss wohl eine neue Spezies sein. „Was machen sie denn genau?“, fragte Vera, etwas gepackt von der Neugier.

„Sie tun mir weh“, weinte die Erde, während sie das Taschentuch auf eine blutende Stelle hielt. „Jeden Tag zwickt und brennt es. Und manchmal kommen Explosionen. So ganz plötzlich. Selbst das Atmen tut mir weh. Ich kriege keine Luft mehr. Ich habe ihnen alles gegeben, was ich habe – aber mir fehlt die Kraft. Die Wunden werden von Tag zu Tag mehr. Sie wollen einfach nicht aufhören. Und das schlimme ist“ – Erde schniefte – „egal, was ich mache, sie lassen mich nicht in Ruhe. Da waren die Dinosaurier ein Witz dagegen. Ich brenne sogar. Ich brauche einfach eine Pause. Ich wünschte es würde für mich eine Fernbedienung geben, damit ich alles anhalten und mich erholen kann.“

Nebenbei schrieb sich Vera alles in ihren Sternen auf. Sie hatte schon einiges gesehen und Patienten gehabt, die wirklich einiges durchgemacht hatten. Aber die Erde übertraf echt alles. Klang schon fast wie ein Burnout. „Wie würdest du denn deine Gefühlslage beschreiben?“, erkundigte sie sich bei dem Planeten.

„Ich kann es dir nicht wirklich auf den Punkt beschreiben, weil es so viel ist“, meinte die Erde nur, „meine Gefühle kann ich nicht sortieren.“

Vera überlegte. „Dann schließ einfach mal deine Augen, atme tief ein und aus – ich weiß, dass es wehtut, aber das wird dir helfen, versprochen!“

Die Patientin tat das, was die Ärztin ihr sagte. Sie schloss die Augen und versuchte, in sich hineinzuhorchen. „Ich fühle … ich fühle … Kälte. Und Hitze. Ich fühle mich ausgelaugt und müde. Leblos. Doch die Schmerzen erinnern mich daran, dass ich noch lebe. Ich brenne. So manches Brüllen, was ist so sehr liebte, verstummt plötzlich. Ich spüre diese Unruhe in mir, die sich nicht beruhigen wi… aua!“

„Warum bist du nicht früher zu mir gekommen?“, fragte Vera. Die Erde schaute mit tränengefüllten Augen ihre Ärztin an. „Ich dachte, ich kriege das alleine hin. Alles habe ich ausprobiert, aber nichts hilft. Es ist zu viel passiert. Du bist meine letzte Hoffnung, Vera. Bitte hilf mir!“ Die Erde schluckte schwer. „Ich dachte, wenn ich bestimmte Signale sende, dann merkt man das. Man hört meinen Hilfeschrei. Vielleicht wären die Parasiten dann verschwunden. Aber das hat alles nur noch schlimmer gemacht. Kannst du mir nicht einfach starke Schmerztabletten verschreiben?“

Vera machte sich weiter Notizen und schaute die Erde mit einem bösen Blick an. „Nein, nicht jetzt! Das kann gefährlich werden. Wir müssen das anders angehen.“ Zwischen ihren Sternen reihten sich tausend Fragezeichen. „Wir…“, begann sie,

„machen das aber gemeinsam. Wir werden die richtige Behandlung für dich finden. Schritt für Schritt."

Die Erde schniefte. „Wirklich?", flüsterte sie erstaunt.

Vera lächelte mitfühlend. „Natürlich. Aber darf ich ehrlich sein?"

„Klar", meinte die Patientin.

Wie sage ich ihr das am besten, fragte sich Vera. Dass sie leiden wird und wie sie leiden wird? Oder dass sie ihrer Patientin am Ende gar nicht helfen konnte?

Nein, sie konnte es nicht einfach so sagen. Wortlos reichte sie Erde ein weiteres Taschentuch.

Fliegen mit Eulen

Während du aufs Konto schaust,
und zu den Frauen außer Haus,
die durch die Maximilianstraße laufen,
und Aperol saufen,
chill ich am Ammersee,
fast schon Übersee,
und muss schauen, dass ich
vor lauter Fantasie nicht
untergeh.
Doch ich habe ja meinen Hippogreif,
mit dem silbernen Schweif,
gemeinsam fliegen wir über
den königsblauen Teich.
Links sehe ich Hedwig,
mit schneeweißen Flügeln.
Ah! Da sind Aslan und Yoda
über den Hügeln.
Mit den Guardians bin ich
in der Galaxy,
Rocket und Groot, ich kenne sie.
Wir retten die Welt,
das ganze Universum,
bringen Wahrheiten ans Licht,
ohne Veritaserum.
Ich bringe die Hobbits zum
Schicksalsberg und frage mich,
was ich wohl als Tier wäre.

Mit meiner Fantasie ist alles möglich,
Henry wird kein Monster und
ich bin unsterblich.
Du kannst alles von mir nehmen,
doch die Fantasy bleibt hier,
scheiß auf dein Material,
darauf ein Butterbier.

Mitternacht

Stickige Luft kam mir entgegen, als ich vom Raucherbereich zurück in den Club ging. Wachgerüttelt von der kalten Nacht und dem Nikotin, das meine Luge befüllte. Von Zug zu Zug. Torkelnde und betrunkene Menschen kamen mir entgegen. Lachend. Schreiend. Brüllend. Benebelt vom Alkohol. Arm im Arm. Hand in Hand. Ich lächelte den Türsteher an, an dem ich jedes Mal vorbeilief und den ich um seinen Job keineswegs beneidete. Vielleicht frage ich ihn bei der nächsten Zigarette mal nach seinen heftigsten und lustigsten Erfahrungen, die er bis jetzt in seinem Leben gemacht hatte, überlegte ich.

Wie ferngesteuert lief ich die Treppenstufen hinunter, die zur Tanzfläche führten. Es war alles dunkel, doch die lilafarbenen Lichter schenkten mir Orientierung. Die Musik dröhnte schon in meinen Ohren. Meine Schuhe berührten die Tanzfläche, die ich nun genauer ins Visier nahm. Die Temperaturen um mich herum stiegen in die Höhe, je tiefer ich in der Main-Area war, die mich Schritt für Schritt verschluckte. Für einige Sekunden hatte ich das Gefühl, als würde die Zeit stillstehen. Alles und jeder war in Zeitlupe, außer mir. Tanzende Körper, die sich zur Musik bewegten. Menschen, die ihre Körper aneinanderrieben, nüchtern würden sie die Namen sowieso vergessen. Überall Menschen, doch ich fühlte mich einsam. Als würde mich keiner sehen. Manchmal rempelten mich Menschen an, weil sie ausgelassen tanzten. Sie stießen alle gemeinsam an, schworen auf Räusche und die geilste Nacht ihres Lebens – so wie jedes Wochenende. Es war immer das gleiche Spiel, von dem sie unbedingt Teil sein wollten. Weil uns eingetrichtert wird, dass wir das Jungsein ausleben müssen. Sie lachten und sangen die Lieder mit, die der DJ auf die Tanzfläche befeuerte.

Alle waren in ihrem Film und vergaßen alles um sich herum. Das Lächeln seit Wochen perfektioniert, damit keiner ihre inneren Narben sieht. Zumindest bei einigen, so wie bei mir. Denn hier kommst du schnell an die Möglichkeit, alles zu betäuben. Nur für diese Nacht, in dieser Gesellschaft. Die Hände oben in der Luft, als würden sie nach einem Ausweg in der stickigen Luft suchen. Die Füße auf dem klebrigen Boden, bedeckt von Longdrinks und Bier. Ich fühlte mich unsichtbar. Obwohl ich immer noch die Musik hörte und mein Herz wegen des Basses bebte, fühlte ich mich leer. Als würde alles von mir abprallen. Als wäre in meinen Ohren nur ein betäubendes Rauschen.

Verschiedene Arme zogen mich zurück an den Tisch, der mit Flaschen geschmückt war. Halbvolle Gläser und Dosen. Augen, die nur auf mich gerichtet waren und so taten, als wäre ich ihnen wichtig. Sie zogen mich zu ihnen, als wäre ich ein Teil von ihnen. Stimmen, die meinen Namen jubelten und die ich nur hörte, wenn es ums Feiern ging. Köpfe, die nicht einmal meine Abwesenheit bemerkt hatten. Echt paradox, sich fehl am Platz oder alleine zu fühlen, obwohl man sich in einem Raum voller Menschen befand.

Wie in Trance stellte ich mich zwischen zwei Menschen und setzte ein leeres Lächeln auf. Ein Lächeln sagt zwar mehr als tausend Worte, aber mein Lächeln stand gerade nur für die Wörter „Leere" und „Ich spiele das Spiel mit". Meine Hand umgriff das Glas vor mir, in einem Zug war es leer. Um vielleicht doch etwas anderes neben Einsamkeit zu spüren. Ob all das vielleicht ein Zeichen war, dass ich nicht mit mir im Reinen war? Mich etwas beschäftigte? Warum fühlte ich mich verloren und einsam?

Ich warf einen Blick auf die Uhr. Es war nach Mitternacht. Seit zwei Stunden war ich nun Teil des Spiels. Ein Spiel, das ich eigentlich nicht spielen wollte – doch irgendwie kam ich da nicht raus.

Sorry that I wasn't ready

Es tut mir leid, dass ich nicht bereit war …

Our lives, our ways, our opportunities,
have crossed as if it were our destinies.
We put memories in our boxes like a treasure
and looked at them like pictures.
But during this journey I was followed
from my demons that had not disappeared.
They seperated us like a fork in the road,
during my drowning you were already on board.

I have not seen what I did to you,
your pain, your doubts, I didn't have a clue.
It's too late but now I see it clearly,
hope you forgive me – sorry that I wasn't ready.

You were everything, I wanted that so much,
but it was fleeting like a touch.
I was three quarters 'cause I couldn't make it,
wanted so much, just missing a bit.
Wish you the best from the bottom of my heart,
the cut was important, you would fall apart.
I will miss your smile, your kisses and eyes,
thanks for the pictures, the love and miles.

I have not seen what I did to you,
your pain, your doubts, I didn't have a clue.

It’s too late but now I see it clearly,
hope you forgive me – sorry that I wasn’t ready.

Ein Wimpernschlag

Es kann gefährlich werden, wenn Realität mit Irrealität verschwimmt und wir nicht mehr zwischen wahr und unwahr unterscheiden können. Wenn wir dabei sind uns selbst zu verlieren.

Ich öffnete meine Augen und sah eine wunderschöne Wiese vor mir. In einem Grün, das ich vorher noch nie gesehen hatte. So klar und kräftig. Wie eine wunderschöne Decke beschmückten die Grashalme den kleinen Hügel, auf den ich zulief. Meine nackten Füße berührten die Wiese. Zum ersten Mal seit langem fühlte ich mich wieder lebendig. Der Himmel, so blau wie in Büchern. Das Highlight war die Sonne, die ihre roten und gelben Töne auf mich strahlen ließ und mir Wärme schenkte, die ich schon seit Ewigkeiten nicht mehr wahrgenommen hatte. Ich liebte dieses Schauspiel dieser Farben. Für uns alle selbstverständlich, weil wir es jeden Tag sehen. Aber für mich nicht. Für mich war es jeden Tag ein Zeichen dafür, dass ich noch lebte. Ich streifte meine Hände über die Grashalme, die meine Handinnenflächen berührten. Es kitzelte.

Nach einer Weile war ich oben am Hügel angekommen und legte mich unter einen großen Baum. Die Äste waren dick, die Blätter blau und in verschiedenen Größen. Wenn man genauer hinsah, konnte man die kleinen Wassertropfen sehen, die wie Diamanten glänzten. Ich streckte meine Beine aus und lehnte mich an den Baum. Nun konnte ich das Tal sehen. Kleine Flugschiffe fuhren unter mir herum, ihr Surren erreichte meine Ohren. Wolkenkratzer mit großen Fenstern. Die Gebäude sahen stark und zerbrechlich zugleich aus. Ein falscher Wimpernschlag und alles würde in sich zusammenstürzen. Menschen, die die lilafarbenen Straßen mit Leben füllten. So viele Menschen hatte ich noch nie zuvor gesehen, aber es mussten bestimmt Millionen sein. Alle redeten. Es klang wie ein großer Schwarm Bienen. Als würde jemand meine Gedanken lesen, lag auf einmal ein Apfel neben mir. Frisch und rot wie Schneewittchens Lippen. Verlockend. Ich griff nach dem Obst und biss hinein. Wow, solch einen Apfel hatte ich noch nie gegessen. So saftig und frisch, der Geschmack erweckte meine Geschmacksknospen zum Leben. Als wären sie vorher betäubt gewesen.

Ich fühlte mich so, als würde eine andere Welt vor mir liegen. Ruhe und Unruhe. Stille und Lärm. Voll und leer. Natur und Stadt. Farben und farblos. Stark und schwach. Und ich mittendrin. Doch ich liebte es. Irgendwie brauchte ich beides. Ich war verloren in meinen Gedanken, wie so oft – doch waren sie echt? Eine Hand, die auf einmal meine Schulter berührte, sorgte dafür, dass ich aus meinen Gedankenwolken flog. Der Aufprall war kurz und schmerzhaft. Ich schaute nach oben und sah einen Körper, der zwischen mir und der Sonne stand. Sofort kamen mir die Augen bekannt vor. Sie gehörten zu einem Menschen, der seit meiner Kindheit auf mich aufpasste. Der mit mir malte und Geschichten vorlas. Innerlich spürte ich seine Umarmungen. Die Stelle, die er mit seiner Hand berührte, war ganz heiß geworden. Ein Schimmer Licht umrahmte den Menschen. Und er lachte. Herzlich, als wäre er erfreut, mich zu sehen. Als wäre er stolz auf mich. So wie früher.

Die Gedanken an früher brachten mich zurück auf den Boden der Tatsachen. Ich spürte die verlockende Wärme – die mich immer dazu verleitete zu bleiben – und die bittere Kälte, die mich wachrütteln wollte. Es war nur eine Illusion, die ich erschaffen hatte, weil das echte Leben unerträglich war. Nur Zuflucht. Wenigstens für ein paar Minuten am Tag. Alles, wonach ich mich sehnte, war hier. Aber es war nicht real, obwohl ich es so sehr wollte. Ich seufzte und nahm meine Brille ab.

Schreibblocklade

„Verdammt“, fluche ich vor mich hin als sich der Stift in meiner Hand einfach nicht bewegen will. Als würde eine magische durchsichtige Kraft meinen Stift festhalten. Mein Kopf fühlt sich wie ein großes Durcheinander der Leere an. Voll, aber trotzdem ist nichts vorhanden. Verzweifelt schaue ich auf das Notizbuch, welches ich vor zwanzig Minuten auf den schwarzen Schreibtisch gelegt habe. Seitdem habe ich es nicht mehr angerührt. Aufgeschlagen liegt das Buch vor mir. Immer mal wieder streiche ich die weißen Seiten glatt, die eigentlich nur darauf warten, von mir beschrieben zu werden. Mit meinen Gedanken und mit meinen Gefühlen. Aber es tut sich einfach nichts. Irgendetwas blockiert mich. Hält mich zurück. Ich fühle mich wie jemand, der sich zappelnd aus den Fängen eines anderen befreien will, es aber nicht schafft. Egal, wie sehr ich mich anstrenge oder meinen Blick auf die leeren Seiten fokussiere. Nichts. Die Seiten bleiben unbeschrieben. Nervös drücke ich an dem oberen Teil meines Kugelschreibers herum (ich habe keine Ahnung, wie dieses Teil heißt) und beginne mich im Schreibtischstuhl hin- und herzudrehen. Vielleicht übertragen sich ja die Bewegungen auf mein Gehirn und lockern es etwas. Fehlanzeige. Ha! Wer hätte das gedacht? Manche Sachen bleiben wohl doch bloß ein nicht wahrgewordener Traum. Dabei hätte es doch so einfach werden können. Gedanklich sehe ich mich am Schreibtisch, wie ich herrlich unbeschwert meinen Stift auf die Seiten schwinge. Wie die Wörter und Sätze tanzen. Zwischendurch streiche ich etwas durch und bessere es aus. Lasse mein Herz und meine Seele sprechen.

Gedankenverloren nehme ich meine Tasse Kaffee, die mittlerweile kalt geworden ist, und trinke einen großen Schluck. Denke an die Leute, die für kalten und überteuerten Kaffee Geld ausgeben, und muss leicht grinsen. Oder allgemein Fancy Getränke, die einem angedreht werden a la Strawberry Macha Salted Caramel Cold Brew Cheesecake Latte mit Hafermilch. Sachen gibt es heutzutage. Wenn das so weitergeht, werden die Angebotstafeln so lang wie die Chinesische Mauer. Irgendwie komme ich auf das Thema Konsum und lasse einige Beobachtungen Revue passieren. Wofür habe ich eigentlich die letzten Monate Geld ausgegeben? Mussten manche Sachen wirklich sein? Und für wie viel Müll wird eigentlich Werbung gemacht?

Kaufen, kaufen, kaufen. Immer mehr, immer größerer, Geld ausgeben, Werbung, Reklame, Werbeanzeigen, Product Placements. Die „DU MUSST DAS KAUFEN, DU MUSST DAS HABEN, DENN ALLE ANDEREN HABEN DAS AUCH“, schreien. Die dir „DU BRAUCHST DAS, OHNE DIESES DING BIST DU EIN NIEMAND, DIR WIRD ETWAS FEHLEN, WENN DU ES NICHT

HAST“ direkt ins Gesicht brüllen. Schilder. DAS IST LEBENSWICHTIG. Laute Werbung. Fernseher, Social Media, Radio. Es spielt keine Rolle, ob die Sache Sinn ergibt oder nicht, dich bereichert oder nicht, eine sinnvolle Investition ist oder nicht, blöd ist oder nicht, du musst das einfach einkaufen. Warenkorb, Einkaufskorb, Kasse, Warteschlange. Liefern. Lieferung. Lieferzeit. Lieferant. Bestellen. Bestellung. Paketzusteller. Paketzustellerin. Kartons. Abholung. Hype, kein Hype, Influencer, Trend. In aller Munde, Sonderangebote, Angebot. Angebote. Rabatt. Rabatte. JETZT ZUSCHLAGEN. Menschen, die Kredite für Gummibälle aufnehmen, die aussehen wie ein Scheißhaufen. Hausfrauen, die sich vormittags im Supermarkt gegenseitig die Haare rausreißen, weil nur noch ein Wischmopp übrig ist, der noch zusätzlich rasenmähen und die Kinder von der Schule abholen kann. Mein Gott, Leute, beruhigt euch mal!

Etwas verärgert schüttle ich den Kopf und widme mich wieder meinen Seiten, die – überraschenderweise – immer noch nicht beschrieben sind. „Heute soll es einfach nicht sein, oder?“, frage ich meinen Stift, den ich in meiner Hand halte. Was der Stift wohl sagen würde, wenn er sprechen könnte? „Hör auf zu meckern und schreib einfach“, würde mein Kugelschreiber wahrscheinlich sagen. „Und zur Anmerkung: An mir liegt deine Blockade nicht, denn ich funktioniere einwandfrei. Es sei denn, ich bin leer, so wie dein Kopf. Und es wäre toll, wenn du aufhören würdest, mich lieblos in deinen Rucksack zu werfen. Ich habe auch Gefühle und finde es nicht toll, jedes Mal blaue Flecken wegen dir zu bekommen."

„Wow, jetzt bin ich schon an einen Punkt angelangt, wo ich mir sprechende Kugelschreiber vorstelle", spreche ich mit mir selbst. Vielleicht ist heute wirklich kein guter Zeitpunkt, um etwas zu schreiben. Ich habe mir schließlich vorgenommen, nur dann Texte zu schreiben, wenn ich wirklich Lust habe. Nur dann sind meine Texte – in meinen Augen – gut, authentisch und ehrlich. Solange ich diesen Luxus habe, will ich ihn auch nutzen. Warum mich also auf Krampf zu etwas zwingen, was ich heute nicht fühle? Ich seufze, klappe mein Notizbuch zu und gehe aus meinem Schlafzimmer.

Schwarz und Grau

Und die Tropfen des Regens gleichen den Tränen,
die in der Verdammnis vergossen werden.
Ein Chaos aus Grautönen, was muss noch geschehen?
Ob wir mal das bunte Licht sehen werden?

Die Echos, sie beben, ich will einfach hier raus.
Dieses Leiden, diese Schmerzen, ich halt es nicht mehr aus.
Während Mutter Erde täglich Tränen vergießt
und der Homo Sapiens denkt, durch Kriege schafft er Peace.
Bangt die Mutter um den Sohn, der kämpft um sein Land.
Oder weint mit seinem Stofftier in der Hand.
Wasser schmeckt nicht mehr und das Blau geht unter.
Die Hoffnung bewegt sich mit der Sonne, runter.
Während Menschen sich wegen ihres Ichs verstecken müssen,
sie mit dem Atem bezahlen, weil sie lieben und küssen.
Fühlt sich jeder Tag so an wie Russisch Roulette,
Tunnelblick und Hass machen das Chaos komplett.
Weil es Menschen gibt, die der Realität nicht ins Auge sehen,
sich seelenruhig ihre Bäuche vollstopfen und gehen.

Und die Tropfen des Regens gleichen den Tränen,
die in der Verdammnis vergossen werden.
Ein Chaos aus Grautönen, was muss noch geschehen?
Ob wir mal das bunte Licht sehen werden?

Die Waage der Gerechtigkeit ist nicht im Gleichgewicht,
es ist die Konsequenz der Ignoranz, die zu uns spricht.
Superkräfte, die als Schwäche dargestellt werden,
während Menschen unschuldiges Blut bergen.
In der Distorted Reality wird unser Spiegelbild zersplittert,
siehst du den Hundewelpen, der in der Mülltonne zittert?
Die Maske im Gesicht scheint viel wichtiger zu sein,
mit jedem Tropfen Kraft wird er gefüttert, der Schein.
Während manche ins Fernsehen gehen,
lassen sich ihre Taten alles andere als sehen.
Sie spielen Gott, doch wahr wird es nie,
sie beherrschen nicht einmal Empathie.
Seelen werden verkauft und zu Moneten gemacht.
Boten können nicht mehr, der Tiufal sitzt da und lacht.

Und die Tropfen des Regens gleichen den Tränen,
die in der Verdammnis vergossen werden.
Ein Chaos aus Grautönen, was muss noch geschehen?
Ob wir mal das bunte Licht sehen werden?

Punkt, Punkt, Komma, Strich,
wir lachen uns dreckig ins Gesicht.
Unsere Heimat weint, denn sie kann nicht mehr,
trotz Dunkelheit ist hier alles leer.
Das Feuer brennt, die Kluften werden größer,
nimmt uns die Luft, der Frust wird immer stärker.
Gift. Neid. Konsum, der Lärm ist überall.
Kein Ausgang, Machtdurst verfolgt uns bis ins All.
Die Gegenwart wird unsere Vergangenheit sein.
Ich höre sie aus jeder Ecke, sie schreien.
Die Wut der Welt kocht in mir auf,
das Chaos nimmt weiter seinen Lauf.
Wir wollen die Zeit catchen, aber können es nicht.
Was, wenn morgen nicht mehr so ist?

Und die Tropfen des Regens gleichen den Tränen,
die in der Verdammnis vergossen werden.
Ein Chaos aus Grautönen, was muss noch geschehen?
Ob wir mal das bunte Licht sehen werden?

Abschied

Jetzt stehe ich hier. Hätte niemals gedacht, dass wir an diesen Punkt kommen würden. Oder vielleicht doch?

Die Wände. Sie ziehen sich zusammen. Draußen. Alle Farben wirken wie gestohlen.

Niemand steht hier. Außer mir. Die Stille. Gefüllt mit Erinnerungen. Filme, die Geschichten von uns erzählen.

Es ist anders. Anders, seitdem ich das letzte Mal in deine Augen sah. Deine Hand hielt. Dein Lachen sah. Du die Lücken einfach nur durch dich selbst versiegelt hast. Als würde nun etwas fehlen.

Diese Erinnerungen, sie spielen in meinem Kopf fangen, während ich verstecken spiele. Dieser Lärm. Er macht mich wahnsinnig. Egal, wo ich bin. Er geht nicht weg.

Dieser Schmerz. Obwohl ich nichts spüre, ist er da. Verbreitet sich in meinem ganzen Körper wie Gift. Nimmt mir die Luft zum Atmen. Lässt selbst die Überreste meines Herzens in tausend Einzelteile zersplittern. Erinnert mich an das Loch. An dich. Wenn ich an dich denke, kommt alles in mir hoch. Alles, was ich versuche zu verdrängen. Alles, wovor ich weglaufen will und was mich doch wieder einholt.

Diese Erinnerungen. Sie machen mich verrückt und spielen mit mir. Sie machen mich süchtig, weil ich mehr will. Weil ich will, dass es wahr wird. Weil ich weiß, dass es nie wieder so sein wird. Weil ich unbedingt das will, was nicht mehr sein wird. Doch das wird es nie sein. Weil der Abschied kam. Allein der Gedanke, dich nie wiederzusehen, macht mich wahnsinnig. Du bist nicht mehr da. Jetzt sind wir wie zwei Fremde, obwohl wir eine Zeit lang eins waren. Ich war du und du warst ich. Ein Teil von mir warst du und ein Teil von dir war ich. Doch ich weiß, dass ich das durchstehen muss. Es ist hart, aber auch der Schmerz wird eines Tages nichts weiter als eine Erinnerung sein. Obwohl das im Hier und Jetzt nicht möglich zu sein scheint.

Ein Schlussstrich. Ein Ende. Ein Cut. Unsere Hände, sie lösen sich immer mehr voneinander, wir gehen auseinander. Bis sich nur noch unsere Fingerspitzen berühren. Bis wir beide verblassen und ich nur noch in eine Leere von Nichts starre.

Lost Treasure

Manche Dinge kann man nicht einmal für die höchste Summe der Welt kaufen. Manche Dinge sind unersetzlich – besonders Zeit: Verliert man sie einmal, bekommt man sie nie wieder zurück.

Excuse me, Sir, sorry for bothering you.
Can you help me to find my treasure?
I lost it on my way, on my way to the redeem.
I was fast and hectic and blinded.

Maybe it was yesterday or two hours ago.
When I felt the music from head to toe.
Or when I was in another world to escape reality,
because I could be anything there.

My life chain threatened to fall apart.
Please, Sir, help me to find my treasure.
I feel incomplete because something is missing.
I do everything, I would also pay the finder's fee.

Maybe it felt out of my pockets although it is impossible to carry.
I could never wrap it up because I was afraid it could be stolen.
Priceless. Once you lose it, you'll never get it back.
I thought I had so much of it, but I didn't budget it right.

Wasteful. Frivolous. Blinded.
Although the lines show us that every second passes.
We think we know it, but actually we don’t.
Please, Sir, help me to find my treasure.
My being is limited, it could soon be over.

Milchshake und Cookie

Es gibt Tage, an denen ich den gesamten Weltschmerz in mir trage. Das kostet mich viel Kraft und Energie. Ich habe das Gefühl, dass alle Katastrophen auf einmal kommen. Ob das schon immer so war oder wir uns jetzt in einer Zeit befinden, in der wir uns das Verdrängen und Wegschauen nicht mehr erlauben können? Keine Ahnung. In solchen Zeiten schätzt man Tage, die „normal" und „unspektakulär" sind, umso mehr. Auch die Menschen, die einen lieben und mit denen kurz die Zeit anhält. Tage, die selbstverständlich zu sein scheinen, obwohl sie es nicht sind. Denn wir wissen nie, wie der nächste Tag aussehen könnte. Ich habe über einen dieser Momente ein Gedicht geschrieben und Dinge aufgeschrieben, die den Drang hatten aufgeschrieben zu werden. Mit wem habt ihr denn „Milchshake und Cookie"-Momente?

Fette Karren und Luxusuhren will ich nicht,
die Leuchtreklamen sind mein Scheinwerferlicht.
Der Wind in meinen Haaren und dein Lachen in meinem Ohr,
zu zweit singen wir Mac Miller im Chor.
Viben im Takt, während die anderen dumm glotzen.
Bitch-Blicke umsonst mit einer Prise „Motzen".
Dieser Moment gehört nur uns, wir sind im Jetzt und Hier.

Die Party sind wir, mit den Deeptalks of the year.

Baby, dein Lächeln schließt meine Lücken.
Es ist, als würde ich mich mit Diamanten schmücken.
Nein zu Louis, Nein zu Prada, Nein zu Gucci.
Lieber Jogginghosen, deine Hand, Milchshake und Cookie.
Jeder Weg fühlt sich mit dir wie ein Höhenflug an.
Wir sind unnormal normal, unsere Zeit fängt jetzt an.

Was ich sehe, was ich fühle, musst nur du verstehen.
Es ist sogar fünf Sterne, wenn wir Döneressen gehen.
Deine Augen sind mein persönlicher Lieblingsfilm.
Meine neue Sucht ist es, mit dir zu chillen.
Du bist die Entdeckung des Jahres, die ich der Welt zeigen werde.
Ohne dich wäre ich lost in der ganzen Herde.
Mit dir kann ich sogar auf den Sternen laufen.
Das, was wir beide haben, kann man sich nicht kaufen.

Baby, dein Lächeln schließt meine Lücken.
Es ist, als würde ich mich mit Diamanten schmücken.
Nein zu Louis, Nein zu Prada, Nein zu Gucci.

Lieber Jogginghosen, deine Hand, Milchshake und Cookie.
Jeder Weg fühlt sich mit dir wie ein Höhenflug an.
Wir sind unnormal normal, unsere Zeit fängt jetzt an.

Während draußen die Welt untergeht,
alles Kopf steht und alles durchdreht.
Hältst du mich fest und zeigst mir das Licht.
Zeigst mir zwischen den Trümmern die schönste Aussicht.
Schreien, schimpfen, bangen, ich glaub, die Zeiten werden hart.
Doch du schenkst mir Ruhe und zeigst, es geht auch anders.
Scheiß auf Geld, scheiß auf edel, scheiß auf die ganzen Diebe.
Was wir haben, gibts nicht im Späti, und das nennt sich Liebe.

Baby, dein Lächeln schließt meine Lücken.
Es ist, als würde ich mich mit Diamanten schmücken.
Nein zu Louis, Nein zu Prada, Nein zu Gucci.
Lieber Jogginghosen, deine Hand, Milchshake und Cookie.
Jeder Weg fühlt sich mit dir wie ein Höhenflug an.
Wir sind unnormal normal, unsere Zeit fängt jetzt an.

Oh du liebes Klopapier

Falls wir noch einmal in eine Pandemie kommen sollten, habe ich hier das perfekte Gedicht und einen kleinen Reminder für euch. Hier ein Liebesgedicht an unser allseits geliebtes Klopapier, das ich während den ersten Corona-Lockdowns geschrieben habe.

Dankbar ist der, der das Klopapier ehrt,
seit drei Jahren schließlich heißbegehrt.
Mit deiner strahlenden Farbe und unterschiedlichen Lagen
entfernst du vom Körper einige Plagen.

Egal, ob vierlagig, dreilagig oder cremeweiß,
oh Klopapier, du bist so verdammt heiß.
Jeder will dich, du bringst jeden um den Verstand,
bekannt wurdest du schnell, in unserem Land.

Kreischend rennt jeder in den Laden,
denn jeder will was von dir haben.
Deine Fanbase steigt von Tag zu Tag,
deine Anwesenheit schwindet – was nicht jeder mag.

Männer und Frauen, groß oder klein,
jeder will im Besitz von dir sein.
Meine Message wird nun genannt:
Lasst jedem Klopapier, egal in welchem Land.

Unversucht

Sie wird immer aufstehen und weitermachen …

Sie hat es wirklich versucht,
den Weg nach dem Frieden gesucht.
Fernab von all dem Lärm und Groll
und den dunklen Ecken.
Auf Dauer ist es anstrengend, dieses Verstecken.

Sie steht ganz unten, unter dem großen Berg.
Mit letzter Kraft. Alles an ihr zerrt.
Das Kleid verliert an Farbe, das Gesicht an Freude,
das war schon damals so wie heute.
Sie sah das Ziel, hatte es im Visier.
Alles gewohnt, alles wie immer hier.

Menschen gehen an ihr vorbei.
Sie laufen weiter, keiner hört ihren Schrei.
Etwas zieht sie nach hinten, den ganzen Weg zurück.
Eine ganze Straße, eine ganze Meile, ein ganzes Stück.

Sie sieht alles an ihr vorbeiziehen.
Vor all den Schatten will sie fliehen.
Und nun sieht sie alles aus einem dunklen Graben,
wo sich Dunkelheit und Stille nichts zu sagen haben.

Sie hört die Stimmen und sieht die alten Bilder,
keiner sieht sie trotz der Zeichen und Schilder.

Alles bricht in sich zusammen wie ein Kartenhaus
die grauen Steine blockieren den Weg zum Raus.
Sie hat es wirklich versucht,
den Weg nach dem Frieden gesucht.
Es blieb nichts unversucht.
Jetzt steht sie am Anfang und schaut zurück,
während das Ziel in endlose Ferne rückt.

Doch sie weiß, dass dieser Tag kommen wird,
wo sie nicht mehr umherirrt.
Sondern auf dem Berg steht, nach all den Wegen.
Sie wird lachen, den Sonnenstrahlen entgegen.

Zusammen alleine

Für alle Seelen, die sich alleine fühlen, ohne es sein zu wollen.

Nachts. Und Melissa konnte nicht schlafen. Unruhig wälzte sie sich in ihrem Bett hin und her. Irgendwie fand sie keine Ruhe, wie so oft. Frustriert drehte sie sich auf ihren Rücken und starrte an die Decke. Wie genervt sie doch war. Sie warf ihre Decke zur Seite und stieg aus ihrem warmen Bett. Erst einmal Wasser, dachte sie sich. Entschlossen zog sie sich einen schwarzen Pullover an und tapste in die Küche. Es war so ruhig. Fast schon zu ruhig. Sie hörte nur den laufenden Wasserhahn und fühlte das Wasser in sich, welches sie nun trank. Als würde der Schluck in ihrem Körper Achterbahn fahren. Die Küche wurde von dem großen Vollmond erhellt, der den Himmel schmückte. Wie faszinierend das doch war. Melissa tat nichts, nur auf den Mond starren. Das tat sie oft, wenn sie nicht einschlafen konnte. Irgendwie hatte der natürliche Satellit eine beruhigende Wirkung auf sie. Und ließ sie die Tatsache vergessen, dass sie einsam war. Ja, sie fühlte sich einsam. Obwohl sie das nicht wollte. Meistens war Melissa alleine, viele Freunde hatte sie nicht. Ach was, sie hatte gar keine Freunde. Manchmal dachte sie, dass sie sich an diese Einsamkeit gewöhnt hatte, doch dabei log sie nur sich selbst an. Dieses fremdbestimmte Alleinsein machte ihr zu schaffen. Während Melissa darüber nachdachte, schaute sie weiter auf den Mond und gewährte ihm Eintritt in ihre einsame Welt.

„Ihr versteht mich einfach nicht!“, schrie Maja aufgebracht. „Ich bin nicht mehr euer kleines Mädchen!“

Wütend knallte sie die Zimmertür hinter sich zu – und zwar so sehr, dass die Fensterscheiben klirrten. Wie sauer sie doch auf ihre Eltern war. Warum verstanden sie nicht, dass es völlig in Ordnung war, mit 16 auf eine Party zu gehen. Alle ihre Freunde durften das, die Eltern schienen nie etwas dagegen zu haben. Nur bei ihr war es wie immer anders. Mit einem Schwung schob Maja alles, was auf ihrem Schreibtisch war, zu Boden. So sauer war sie noch nie gewesen. Ihre Eltern waren doch sowieso nie da, also warum regten sie sich immer auf? Die Arbeit war doch viel wichtiger als ihr eigenes Kind. Und dann taten sie so als würde ihnen irgendetwas an Maja liegen. „Ich hasse euch!“, murmelte Maja und schaute auf die Gegenstände, die nun auf dem Boden verteilt waren. In ihr kochte und brodelte es. Sie spürte diese Wut, diese … Enttäuschung. Diese Enttäuschung ihren Eltern gegenüber. Immer ging es nur um Geld und Arbeit, nie hörten sie ihr zu.

„Wir machen das alles nur für dich“, sagten ihre Eltern immer. „Du lebst in einem so tollen Haus und wir ermöglichen dir alles. Deine Markenklamotten und Reitstunden finanzieren sich nicht von selbst. Sei mal etwas dankbarer."

Pfff, von wegen „tolles Haus". Eher ein Gefängnis, in dem sie sich alleine fühlte. Und hatte sie nach all den Markenklamotten gefragt? Nein. Hatte sie jemals gesagt, dass sie reiten will? Nein. Ihre Mutter hatte sie einfach angemeldet. Vielleicht wollte sie durch ihre Tochter ihren nie wahrgewordenen Traum erfüllen.

Immer noch wütend ging Maja zur Fensterbank und ließ sich darauf fallen. Der Mond war wunderschön und leuchtete besonders heute. Doch erinnerte sie daran, wie einsam sie sich in ihrem Zuhause fühlte.

Wieder eine Doppelschicht. Erschöpft rannte Abdel von der Firma zur Haltestelle, um den Bus zu erwischen. Heute war die Arbeit besonders anstrengend. Sein Kopf rauchte und seine Füße taten weh. Der junge Mann sprintete in den Bus und setzte sich auf einen freien Platz. Endlich! Endlich nach Hause. Während er versuchte sich etwas zu entspannen, lehnte er seinen Kopf an das Fenster und hörte Musik. Das beruhigte ihn immer. Abdel schaute in die Leere, er fixierte nichts bestimmtes, sondern schaute einfach nur in die graue Leere. Seit Wochen rannte er von einer Doppelschicht in die nächste. Seine Kollegen hielten ihn mittlerweile für verrückt. Doch sie sagten nichts, denn sie wussten, warum er das tat. Seit seinem Tod war nichts mehr, wie es war. Die Wohnung war leer und doch voller Erinnerungen. An ihn. An seinen geliebten Ehemann Karim, der nach zwei Jahren Qual seiner Krebserkrankung erlag. Obwohl er nicht mehr auf der Erde weilte, hörte Abdel immer noch seine Stimme. Obwohl er nun alleine in dem Doppelbett schlafen musste, fühlte es sich für den Witwer so an, als würde sein Schatz jede Minute aus dem Badezimmer zu ihm ins Bett gekrochen kommen. Wie er das vermisste. Einfach nur die kleinsten Dinge mit ihm zu teilen. Er fühlte sich verloren und alleine auf dieser Welt. Als wäre ein Teil von Karim gestorben, als Abdels letzter Herzschlag auf dem Monitor zu sehen war. Mit seinem Mann war alles so viel einfacher gewesen. Bis zum letzten Atemzug war Abdel bei ihm gewesen. Er wusste, dass der Tod nur eine Erlösung für ihn war, aber er vermisste ihn so. Zu früh wurde er von ihm genommen.

Traurig und erschöpft blickte Abdel zum Mond, an dem sie die ganze Zeit vorbeifuhren. Karim hatte den Mond so geliebt. Er dachte an die Nachtspaziergänge, die sie immer gemacht hatten.

Obwohl sich diese drei unterschiedlichen Menschen nicht kannten, sich noch nie in ihrem Leben gesehen hatten, in unterschiedlichen Orten lebten, von der Existenz des anderen nicht wussten, teilten sie das Alleinsein. Und waren für einen Moment zusammen alleine. Und nicht alleine.

Ausgebrannt

Wenn Zweifel die Oberhand gewinnen …

Ich fühl mich ausgebrannt,
wegen der Gedanken, die ich habe.
Es wird alles zu viel,
auch die Sachen, die ich mir sage.

Das Feuer erlischt, bis auf die Glut,
ist nichts mehr da.
Sie ist weg, all die Wärme,
die ich gestern noch sah.

Krieg ich das alles hin?
Hat das alles einen Sinn?
Bin ich gut oder fehlt mir der Mut?
All die Fragen schwirren umher
und quälen mich sehr.

Der Tiefpunkt ist erreicht – schaffe ich den Weg nach oben?
Vater sagte: Nicht kritisieren ist doch loben
Ich lauf den Weg und weiß nicht, ob ich stoppen soll.
Ob ich weitermachen oder umkehren soll.

Diese Fragen, sie machen mich so fertig,
wünschte, ich könnte wegfliegen wie ein Habicht.

Ich fühl mich ausgebrannt,
wegen der Gedanken, die ich habe.
Es wird alles zu viel,
auch die Sachen, die ich mir sage.
Das Feuer erlischt, bis auf die Glut
ist nichts mehr da.
Sie ist weg, all die Wärme,
die ich gestern noch sah.

Trautes Heim

Ich blicke zurück und schaue aus dem Fenster.
Fahre an Bäumen vorbei, neben mir meine Schwester.
Die Straßen, gleich wie immer.
Damals hatte ich noch keinen Schimmer.
Davon, dass ich allem den Rücken kehren werde.
Weil mich das Leben einiges lehrte.
Aber ich weiß, bald wird es so weit sein
und ich kehre zurück in mein trautes Heim.

Wenn ich wieder da bin, wird sich einiges ändern.
Vielleicht war ich dann in zwanzig Ländern.
Stand jetzt liegt Kate in schweren Ketten
und will doch einfach nur wieder lächeln.

Ob Lara immer noch bei uns sein wird,
wenn sich weiterhin ihr Glück in Tüten verbirgt?
Carlo und Hannes, was wird aus ihnen werden?
Ob sie sich dann endlich trauen werden?
Luke spielt Gitarre und schreibt ein Stück,
vielleicht wird er Rockstar und hat das Glück.

Oder Miles, die treue Seele, die immer für uns da war,
wird Max auch Schreinermeister wie sein Vater?
Nach meiner Reise bog ich in die Straße rein
und sah vor mir das traute Heim.

Alles war wie immer, aber wiederum auch nicht.
Die gleiche Umgebung mit einer anderen Sicht.

Dann sehe ich Kate, die endlich lacht,
Carlo, der Hannes einen Antrag macht.
Miles, der immer noch für uns da ist,
Max, der die Maße für einen Tisch misst.
Luke fährt los, um auf der Bühne zu stehen,
weil er es schaffte, in die Charts zu gehen.
Und Lara? Sie ist wieder ein Sonnenschein,
denn die Wolken sind nun ihr trautes Heim.

12:07

Es ist Samstag und wir lieben
es, bis mittags im Bett zu liegen.
Ich schaue rüber zur Uhr – es ist 12:07.

Die Sonne wirft ihre Strahlen durch die Gardinen hindurch,
von hier daheim bis nach Regensburg.
Ich merke, dass es warm ist, mich zieht es gleich hinaus,
raus aus dem großen Bett, aus dem hellen Haus.
Wir steigen in die Bahn und fahren mit der S2,
Richtung Lebensfreiheit, nach 20 Minuten ist es vorbei.

Draußen ist es wie beim Sonderschlussverkauf,
alle wollen die Sonne, lassen Dingen ihren Lauf.
Kinder laufen um die Wette, die Eltern hinterher,
die Cliquen sonnen sich wie am Meer.

Es ist Samstag und wir lieben
es, bis mittags im Bett zu liegen.
Ich schaue rüber zur Uhr – es ist 12:07.

Und zwischen diesen Bildern nimmst du meine Hand,
lachst mir ins Gesicht und ich weiß gar nicht mehr,
wie um mich geschieht.
Das Leben ist wieder da, in uns und auf dem Grün,

siehst du die Blumen, die neben uns blühen?
Es liegt etwas in der Luft, die ganze Zeit war es weg,
nun kommt alles und jeder raus, aus ihrem Versteck.

Sie rollen mit Motorrädern, um an ihren Spots zu chillen,
Daunenjacken im Keller, das große Grillen.

Ich kann nichts außer lachen, die Wärme in mich lassen, dieses Gefühl wollte ich keinesfalls verpassen.

Es ist Samstag und wir lieben
es, bis mittags im Bett zu liegen.
Ich schaue rüber zur Uhr – es ist 12:07.

Wir liegen auf der Wiese, vor uns die Isar,
ein Ort, den ich im Grau nie sah.
Ich liege in deinen Armen und schließe die Augen,
wir trinken Spezi und hören Lieder, die uns taugen.

Das Leben macht sich bemerkbar, neben uns, die da lagen,
zwitschern, lachen, lieben, gehen, blühen in verschiedenen Farben.
Es ist Samstag und wir lieben
es, bis mittags im Bett zu liegen.
Ich schaue rüber zur Uhr – es ist 12:07.

ThE fReAkS

Ihr müsst euch nicht anpassen, um dazuzugehören.

Sitting on the rooftop,
day and night.
Or on the bank alone.
Walking down the streets,
day and night.
Thinking on my own.

‘Cause they say that
we would never fit in.
That we‘re freaks and
should stop the talking.

But I don‘t care what they say.
I will never stop the troubles,
it‘s not my destiny to fit in and
compare myself with shitty things.

I stand in front my cabinet.
Afternoon.
Taking the ducky top.
Putting baggy-pants on.
Afternoon.
‘Cause I think that‘s hot.
And they say that
we would never fit in.

That we‘re freaks and
should stop the talking.

But I don‘t care what they say.
I will never stop the troubles,
it`s not my destiny to fit in and
compare myself with shitty things.

The problem is that they
don‘t understand.
The world and who we are.
But I don’t give a shit.
Every day.
With Jamie and Bahar.

‘Cause they say that
we would never fit in.
That we‘re freaks and
should stop the talking.
But I don‘t care what they say.
I will never stop the troubles,
it‘s not my destiny to fit in and
compare myself with shitty things.

Die Kunst des Nichtstuns

„Alia!“, schrie Nero durch den Garten. „Wo bist du denn?“

Die junge Frau, die mit ihrem Rücken an einen großen Pflaumenbaum angelehnt im Schatten saß, öffnete ihre Augen. Jetzt war es vorbei mit der Ruhe, dabei war das Dösen so schön! „Ich bin hier!“, rief sie zurück. Normalerweise würde sie ihrem Freund entgegenlaufen, doch sie konnte nicht aufstehen. Korrektur: Sie wollte nicht aufstehen.

Nun stand ein Mann mit blonden Haaren vor ihr. Eckige Brille, grüne Augen, Sommersprossen auf der Nase und ungefähr einen Kopf größer als Alia. „Ich habe dir vor zwei Stunden geschrieben“, begann Nero seine kleine Standpauke, „und da du mir nicht antwortest, bin ich jetzt hier.“

Alia nickte. Die beiden kannten sich schon seit Kindheitstagen und für sie war es normal, dass sie einfach mal so in den Garten des anderen spazierten. Das machte sie nur bei Nero, bei anderen war es ihr unangenehm – und auch andersrum.

„Was machst du da eigentlich?“, fragte ihr Freund neugierig.

„Wonach sieht es denn aus? Ich machte nichts“, antwortete sie.

Nero zog eine seiner buschigen Augenbrauen nach oben. „Wie, du machts nichts?“

Als wäre das so schlimm, mal einen Tag nichts zu tun. Alia verdrehte die Augen. „Ja, nichts einfach. Ich liege einfach so rum und genieße das Wetter. Darf ich etwa nicht?“, sagte sie in einem leicht genervten Ton.

Schnell hob Nero seine Hände. „Doch, doch. Natürlich. Nur …“

„Nur, was?“

„Wir haben noch so viel zu tun. Wir müssen die Hausarbeit fertigschreiben, die Präsentationen stehen noch an. Das Geburtstagsgeschenk für Anton müssen wir noch kaufen und, ach ja, zum Sport müssen wir auch noch“, sprudelte es aus Nero raus.

Wieder verdrehte Alia ihre Augen. Manchmal nervte ihr bester Freund sie. „Das weiß ich“, sagte sie, „aber was ist daran so schlimm, einfach mal nichts zu tun und kurz das Hier und Jetzt zu genießen? Wir sind sowieso schon seit einer Woche nur noch auf Achse. Kann ich mich da nicht kurz in den Garten legen und das Wetter genießen?“

Stille.

„Ähm“, kam es von Nero, „dagegen spricht gar nichts. Aber du kannst auch nichts machen, wenn wir mit allem fertig sind. Die Zeit kannst du dir nicht zurückholen. Und …“

„Ich kann auch nichts zwischen all den Sachen machen, die wir schon erledigt haben und noch erledigen müssen. Eine Pause schadet doch nicht. Das Wetter ist so schön heute und schau, die Blumen blühen auf dem ganzen Rasen“, unterbrach Alia Nero.

„Aber …“

„Mann, Nero! Ich brauche einfach eine Pause, verstehst du? Ich will heute gar nichts machen. Warum ist das so schwer zu verstehen? Warum fällt es dir so schwer, nichts zu tun? Es ist keine Schande, wenn man sich Ruhe gönnt und nichts macht. Du bist doch kein fauler Sack, wenn du Kraft tankst. Musst du immer abliefern?“, fauchte sie ihn an.

Beleidigt verschränkte der junge Mann seine Arme vor der Brust und hob sein Kinn. „Ich muss nicht immer abliefern“, sagte er in einem schnippischen Ton, „aber ich kann nicht entspannen, wenn in meinem Kopf all die Sachen herumschwirren, die noch zu erledigen sind.“

Alia streichelte ihr Blumenkleid glatt und schnaufte laut aus. „Weißt du was? Setz dich einfach zu mir. DU brauchst auch mal eine Pause.“

„Nein, das geht nicht. Beweg du lieber deinen Allerwertesten und erledige mit mir die Sachen.“

Doch Alia ließ nicht locker. „Ach komm schoooooooon“, schmollte sie, „nur für fünf Minuten.“ Sie klopfte auf den freien Platz neben sich und grinste Nero an. Nun rollte ER mit den Augen und nahm neben seiner besten Freundin Platz. „Und jetzt: Schließe deine Augen“, bekam er den Befehl.

Er wusste, dass er keine andere Wahl hatte, und tat einfach das, was Alia sagte. „Konzentriere dich einfach auf deine Umgebung. Hörst du die Vögel zwitschern? Diese unterschiedlichen Töne ergeben eine einzigartige Melodie. Und dieser Blumenduft … er schreit einfach nach Sommer."

„Hmmmm", brummte Nero. Alia sagte nichts mehr und konzentrierte sich wieder auf sich selbst. Sie liebte diesen Platz einfach, der Pflaumenbaum erinnerte sie an ihren Großvater, der vor einigen Jahren verstorben war. Würde er noch auf der Erde weilen, hätte er bestimmt gefühlt jeden Tag im Garten gewerkelt oder auf der Terrasse die Sonne genossen. Es war aber auch ein tolles Wetter heute! Der strahlend blaue Himmel, einfach dieses Zusammenspiel der Natur war einfach unbeschreiblich. Alia drehte sich zu Nero um – und musste grinsen.

Nero war eingeschlafen.

Graues Haar

Es wird Zeit, das Älterwerden zu entstigmatisieren. Ich persönlich freue mich auf mein erstes graues Haar. Weil es mich an all die schönen, aber auch dunklen Geschichten erinnern wird, die ich erlebt habe.

Im Hier und Jetzt leben, das ist mir schon klar,
aber ein bisschen träumen ist doch nicht strafbar.
Sich fragen: „Wo stehe ich in 40 Jahren?
Was wird mich glücklich machen oder plagen?“

Sich ausmalen, wie das Leben wohl sein wird,
was sich hinter den Zukunftsecken verbirgt.
Was wir erleben werden, ich habe eine Vision,
neue Bilder im Kopfalbum – Eskalation.

Fragen über Fragen, die ich nicht beantworten kann,
aber das Leben schon, es fängt gerade erst an.
Welche Menschen werden kommen, welchen Menschen werden gehen?
Was wird nur geschehen, was wird nur geschehen?

Mal sehen, was das Leben für uns bereithält,
was wir lernen und erlernen oder was zusammenfällt.
Aber es gibt eines, das ich jetzt schon weiß,
ich werde ihn sehen, diesen einen Beweis.

Und zwar, dass ich nach vielen Jahren
in einen Spiegel sehen werde, Richtung Sonnenuntergang fahren.
Dann sehe ich nicht nur ein schönes Wunderbar,
sondern endlich mein erstes graues Haar.

Patience

Geduld zu haben, ist manchmal echt schwierig. Am liebsten würde man aufgeben und es einfach lassen …

I don't have this patience anymore,
even the strength to cry on the floor.
My feet hurt so much from walking,
but I can't afford to stop.

Even when I look back and see the way,
it is very tempting to stay.
Many detours I had to go,
and steps back, oh no.

Lot of people have gone the way before me,
even people I will never see.
I know that they made it,
when they walked the way I was a kid.

I see the goal, but not in front of me,
the pain is now going up to my knee.
Many hurdles are in front of me that prevent me from running further.
It makes everything even harder.
I ask myself everday:
„Should I keep running oder stay?"
I feel the weight on my shoulders.

Erkenntnisse an Gräbern

Alles, was wir tun. Was wir nicht tun. Was wir sagen. Was wir nicht sagen. Was wir bewegen. Was wir nicht bewegen. Beeinflusst.

Es war zu lange her, dass Mirjam das letzte Mal hier gewesen war. Doch sie hatte, wie so oft, zu viel zu tun. Sie wusste, dass sie sich endlich die Zeit dafür nehmen musste. Sonst würde sie es bereuen. Und immer wieder Ausreden finden. Ihre Hände schoben ein großes Tor mit dicken Metallstäben zur Seite. Sie hörte unter ihren Füßen die Kieselsteine knirschen. Alles sah noch so aus wie damals. Ihr letzter Besuch war jetzt zwei Jahre her. Ihre Beine trugen Mirjam zu der Stelle, an der er begraben wurde. Goldene Buchstaben, die seinen Namen bildeten, standen auf dem Grabstein. Daneben sein Bild. Mit seinen vertrauten Augen sah er Mirjam an. Es machte den Eindruck, als würde er sie anlächeln. Vor dem Grabstein lag frische braune Erde, die mit Blumen geschmückt war. Irgendetwas blieb in ihr stehen. In Mirjam. Sie starrte auf sein Bild und dachte an die Zeit, die sie mit ihm erleben durfte. All diese Erinnerungen, die für immer in ihrem Herzen sein würden. Das gab ihr stückweit das Gefühl, als würde er noch leben. Und solange man das tut, gehen tote Menschen nie wirklich weg von einem. Davon war Mirjam überzeugt.

Mirjam atmete die kalte Luft tief ein. Das beruhigte sie. Ihre Hände waren in den Seitentaschen ihres schwarzen Mantels verschwunden. Ob er wusste, dass sie ihn geliebt hatte? Und er immer einen Platz in ihrem Herzen haben würde? Bestimmt, oder? Sie dachte an die Zeit, wo sie damals die weißen, kalten Treppen runter in seine Wohnung gelaufen war und sie sich in der kleinen Küche unterhielten. Stundenlang hätte sie sich seine Geschichten anhören können. Bis heute riecht die Wohnung nach ihm. Was sie jedes Mal wahrnahm, wenn sie ihr Elternhaus besuchte. Sie würde alles dafür tun, um noch einmal mit ihm in der Küche zu sitzen, während im Hintergrund sein lauter Wasserkocher läuft. Der Tisch mit einer blauen Decke gedeckt. Aber die Zeit lässt sich nicht zurückdrehen. Verliert man sie einmal, verliert man sie für immer. Klar macht man sich vielleicht leichte Vorwürfe oder stellt sich Fragen, die einen bedrücken. Hätte ich etwas anders machen können? Hätte ich einmal mehr in seine Küche gehen sollen? Oder ihn öfters umarmen sollen?

Gerade in Momenten, an denen es zu spät is t… gerade dann kommen solche Gedanken und Fragen auf. Wie so oft im Leben, dachte sie Mirjam. Ein „Phänomen“, was sich auf jegliches Thema und jegliche Lage des Lebens beziehen lässt. Erst, wenn es zu spät ist, macht man sich oft Gedanken über das, was man gesagt hat – oder nicht gesagt hat. Was man getan oder nicht getan hat. Man denkt sich „hey, ich habe so viel Zeit“, aber eigentlich haben wir das gar nicht …

Mirjam nahm die Hände aus ihrer Jacke und strich sich über ihr Gesicht. Sie merkte die Tränen in ihren Augen, die nicht rauswollten. „Reiß dich zusammen“, sagte sie zu sich selbst und schaute mit verschlossenen Augen Richtung Boden. Dann richtete sie ihren Blick wieder aufs Grab. „Hallo Opa“, flüsterte sie.

GSCHWSTR

Ich liebe meine Geschwister, sie gehören zu den wichtigsten Menschen in meinem Leben. Ihnen habe ich auch mein zweites Buch gewidmet. Dieses Kapitel ist für sie.

Geschwister. Meine lebenslangen Begleiter.
Meine „Ich hab‘ dich lieb“ und „Ich sag’s keinem weiter“.
Familie, die wie Freunde sind, und Freunde, die wie Familie sind.
Hand in Hand, seit ich bin ein Kind.

Seit dem ersten Wort und den ersten Schritten,
das erste Mal Schnee auf dem Schlitten.
Der erste Schultag und Katerhunger,
aber auch der erste Liebeskummer.

Geschwister. Mit den besten Umarmungen der Welt.
Gelächter, das für mich alles erhellt.
Zeit-, aber auch Leidensgenossen.
Taschentücher, wenn die Tränen vergossen.

Eine Bindung, kostbarer als Antimaterie.
Unbeschreiblicher als manche TV-Serie.
Erinnerungen, die uns verbinden werden,
während den Lebzeiten auf Erden.

Geschwister. Für die ich immer da sein werde.
Meine Menschen fürs Leben. Meine Schicksalsteiler.
Meine „Ich bin da" und „Du kannst das, immer weiter".

Das beste Geschenk, was ich bekam als Kind.
Weil wir Geschwister sind.

Meike

Social Media hat seine Vor- und Nachteile. Die meisten Nachteile entstehen durch die Menschen, die soziale Plattformen nutzen. Durch Social Media ist es einfach, Hass zu verbreiten und sich hinter einem Profil zu verstecken. Für diesen Text habe ich mich für den Schwerpunkt Bodyshaming entschieden.

Voller Stolz starrte Meike auf ihr Smartphone. Das Bild, welches sie gerade von sich gemacht hatte, war in ihren Augen wunderschön. Sie fühlte sich total. Das Outfit, bestehend aus einem roten Kleid und weißen Schuhen, darüber eine weiße Jeansjacke. Ihre Haare hatte sie zu einer Flechtfrisur zusammengebunden und sich dafür rote Spangen ausgesucht, in dem gleichen Ton wie ihr Kleid. Ihr gefiel das Foto. Mit einem Leuchten in ihren Augen öffnete sie ihr Instagram und lud das Bild hoch. Zufrieden legte sie ihr Handy zur Seite auf den Nachtschrank und ging runter zu ihrem Vater, um ihm beim Kochen zu helfen. Es gab selbstgemachte Pizza. Lecker!

Nach dem Abendessen lief Meike die Treppen hinauf in ihr Zimmer. Sie schmiss sich aufs Bett und holte ihr Handy hervor. Erst einmal Instagram checken, dachte sie sich und öffnete die App. An die nächsten Sekunden, die ihr wie Minuten vorkamen, konnte sich Meike nicht erinnern. Vielleicht lag es an ihren Wangen, die plötzlich heiß wurden. Oder an der Hitze, die aus ihr geschossen kam. Oder an ihrem Herz, das wild zu pochen anfing. Oder an ihrer Brille, in der sich die Kommentare widerspiegelten. Die Buchstaben, die diese Worte ergaben, versetzten das junge Mädchen in eine Art Schock-Gestarre. „Wie kann man sich nur bei so einem Gewicht im Netz präsentieren?“, „Fette Sau“, „Du bist eine fette Kuh“, „Geh dich vergraben“. Das waren nur wenige der Kommentare, die sich unter dem Bild sammelten, was sie eigentlich bis vor zwei Stunden noch schön gefunden hatte. Die lieben und netten Worte, die wie ein Lichtblick in der Dunkelheit erschienen, konnte Meike nicht wahrnehmen. Zu fokussiert war sie auf die grausamen Worte, die in ihr Herz stachen und sich in ihrem Kopf einbrannten. Was hatte sie diesen Menschen getan? Die meisten Instagram-User kannte sie gar nicht. War sie wirklich zu dick? Oder zu hässlich? Hatten die anderen recht? Sollte sie jetzt abnehmen? Sich das zu Herzen nehmen? In Meikes Kopf war so ein großes Durcheinander, dass sie anfing zu weinen. In ihrem Hals bildete sich ein fetter Kloß, der wehtat. Tränen tropften auf den Bildschirm ihres Smartphones. Sie hielt ihr Handy in der Hand und starrte einfach nur auf die Kommentare. Hätte sie das Bild doch nicht hochladen sollen? War das Bild doch nicht schön? Hatte sie keinen Geschmack? Oder schrieben die anderen Leute nur Blödsinn? Sie konnte die Fragen nicht beantworten.

Meike war ahnungslos. Es war nicht das erste Mal, dass sie solche Worte an den Kopf geworfen bekam. Aber heute tat es besonders weh. Weil die Kommentare so schmerzten, als hätte jemand ein Messer in ihr Herz gerammt. Meikes Bauch zog sich zusammen. Langsam stand sie von ihrem Bett auf und ging zum Spiegel. Das, was sie sah, gefiel ihr nicht mehr. Ihr Gegenüber war wie ein verzerrtes Ich, das von den Worten erschaffen wurde. Die Zufriedenheit, die sie vorher verspürt hatte, wurde von den Kommentaren zerstört und in tausende Teile gesprengt, wie als ihr kleiner Bruder aus Versehen den Fußball gegen das Küchenfenster geschossen hatte. Meike fasste sich an ihren Bauch und drehte sich vor dem Spiegel hin und her. Immer wieder hörte sie die Kommentare um sich herum summen.

„Meike!“, rief ihr Vater von unten. Sie erschrak und zuckte zusammen. „Meike, willst du einen Nachtisch? Ich habe deinen Lieblingspudding gekauft.“

Sie zögerte. Wie gerne würde sie jetzt den Schokoladenpudding essen. Auf den hatte sie sich schon beim Pizzaessen gefreut. Sollte sie oder sollte sie nicht? Mit trockenen Tränen im Gesicht und einem Chaos in ihrem Kopf, öffnete sie vorsichtig die Tür und rief: „Nein danke. Ich habe keinen Hunger mehr.“

„Bist du dir sicher? Du hast dich doch schon den ganzen Tag auf diesen Pudding gefreut“, antwortete ihr Vater.

„Es ist nicht mehr mein Lieblingspudding“, meinte Meike nur.

Angeline

Eine Hommage an meinen ersten Namen

In the night, in a train.
Somewhere between
thunder and rain.
There was Angeline.
Silence, no scream.

People staring at her.
But she doesn‘t care.
Thinking about her dream.
A loner with no team.

Angeline – live your life.
You only have one.
Break the void.
Don‘t cry after tears.
Use your years.

You can‘t change the old pain.
All you can do is win.
Turn on the light
and put away the gin.

People staring at her.
But she doesn‘t care.
Thinking ‘bout her dream.

A loner with no team.

Angeline – just use it
Make something beautiful
Life is like a rollercoaster
Not easy but useful
Look, there it is
The sun is rising
A new hope is born
It‘s gonna be exciting

In the night, in a train.
Somewhere between
thunder and rain.
There was Angeline.
Silence, no scream.

Zwangsjacken im Sale

Gedankenverloren lief ich an den Kleidern vorbei, die im Laden waren. Direkt zu Beginn schrien mich sämtliche T-Shirts und Hosen in verschiedenen Größen und Farben an, um gekauft zu werden. Überall Menschen, die um einen Platz in den vordersten Reihen rangen. Aus den Boxen an der Decke lief angenehme Musik, die einen dazu einlud, mitzujammen. Meine Füße trugen mich zur Rolltreppe, die mich zum ersten Stock schweben ließ. Wieder eine Vielfalt an Klamotten, die mir entgegensprang. Die „KAUF MICH“ schrie.

Ich stand gerade vor einem Stapel Hoodies und wühlte darin herum, um meine Größe zu suchen, als mich jemand von der Seite antippte. Eine junge Frau, ein Kopf kleiner als ich. Komplett schwarz angezogen, stark geschminkt, ihre blonden Haare zu einem Pferdeschwanz frisiert. „Entschuldigung“, sagte sie freundlich, „brauchen Sie Hilfe?“

Verdattert schüttelte ich den Kopf. Sah ich so lost aus? „Nein danke“, erwiderte ich freundlich.

Sie nickte und widmete sich einem Herrn, der sie ansprach und nach etwas fragte, was ich zuvor noch nie gehört hatte. Fragte der Herr tatsächlich nach Zwangsjacken? Und zwar in einem Ton, welcher „Ich muss das unbedingt haben, suche seit Wochen danach und würde sogar meine Niere dafür verkaufen“ ausdrückte. Der Ton macht die Musik, das war einer der vielen Beweise dafür.

„Entschuldigen Sie“, fragte ich die Dame, nachdem der Herr in ein anderes Abteil verschwunden war, „ich wollte bei dem Gespräch nicht lauschen, aber was genau sind Zwangsjacken?“

Stirnrunzelnd sah mich die Dame an. „Wie, Sie haben noch nie davon gehört?“ Ich schüttelte den Kopf. „Das ist der neueste Schrei“, sagte die Verkäuferin überzeugt, „ein zeitloser Trend in der Modewelt, ich sag’s Ihnen. Jeder will diese Jacken haben. Das ist auch der Grund, weshalb fast überall die Zwangsjacke ausverkauft ist.“

„Okay, und wie sieht die Jacke aus?“, fragte ich.

„Die Jacke gibt es in unterschiedlichen Größen. Für jede Jahreszeit gibt es verschiedene Kollektionen. Und das Beste ist: Aktuell ist Sale“, antwortete die Dame und zeigte in den Bereich des Ladens, in den der Mann vorher verschwunden war. Ich bedankte mich bei der Verkäuferin und machte mich auf den Weg zu den Jacken. Als ich in das Abteil ankam, stand eine große Menschenmenge vor mir. So viele Menschen auf einem Haufen hatte ich noch nie gesehen. Alle wollten diese Jacken haben, alle quetschten sich zu ihrer Beute hindurch, um eine Jacke zu ergattern. Ich holte tief Luft und machte mich bereit für den Kampf. Überall spürte ich Schultern, die gegen mich prallten. Hände, die mich zur Seite schubsten. Meine Güte, was war denn hier los?!

Nach einigen Tritten und blauen Flecken konnte ich endlich eine Zwangsjacke in der Hand halten. Sie war schwarz und schlicht. Glücklich ging ich zur Kasse, bezahlte und zog sie draußen gleich an. Danach ging ich zur Bäckerei, um mir einen Kaffee zu kaufen.

Plötzlich bemerkte ich, wie es auf einmal ganz heiß um mich herum wurde. Schweißperlen tropften an meiner Stirn herab. Meine Wangen glühten. Ich sah um mich. Wurde ich verrückt oder sah es so aus, als wäre alles zusammengedrückt worden? Meine Umgebung sah so eng aus. Als wäre nirgendswo mehr Platz. Nicht einmal für Luft, alles war eng zusammen. Verwirrt blieb ich stehen und sah mir das Spektakel genauer an. Alle Farben wichen aus den Menschen, den Straßen, selbst von den Pflanzen. Wie in Zeitlupe wurde alles schwarz-weiß. Der Himmel nahm einen traurigen Grauton an. Plötzlich war keine Farbe mehr zu sehen, selbst der kleinste Tropfen war weg. Alles war leise, man hätte eine Nadel hören können, die zu Boden fällt. Keiner sprach mehr, lachte mehr, selbst den Straßenmusiker mit seiner Gitarre konnte man nicht mehr hören. Das Graffiti, an dem ich vorher vorbeigelaufen war, war verschwunden. Ich schüttelte den Kopf und klatschte meine Hände gegen meine Wangen. Alles fühlte sich so emotionslos an. So leer. Träumte ich etwa? Während ich versuchte, mir diese Situation irgendwie zu erklären, fiel mein Blick auf die

Menschen um mich herum – und ich erschrak. Alle trugen die Zwangsjacken, die ich vorher im Laden gesehen hatte. Und … die Menschen hatten keine Gesichter?! Ich konnte durch die Gesichter durchgucken. Nein, ich musste träumen. Das kann nicht sein! Und wie die Menschen gingen … als wären sie in Trance. So ferngesteuert, als hätten sie keinen Willen. Ich bekam Panik. Mein Herz fing an zu rasen, mir wurde immer wärmer. Wie konnte das nur passieren? Als ich weiterhin nur so dastand und meine Umgebung betrachtete, bekam ich ein ungutes Gefühl im Bauch. Ich wollte hier weg. Aber meine Füße waren so schwer wie Blei, ich konnte mich nicht bewegen. Weil mir immer wärmer wurde, zog ich aus Reflex die Zwangsjacke aus und schmiss sie auf den Boden. Ich fühlte mich, als würde mir eine große Last von den Schultern fallen. Erleichtert schloss ich meine Augen und holte tief Luft.

Moment, war das etwa Musik? Schnell öffnete ich meine Augen – und erschrak schon wieder. Die Farben, die Menschen, die Gesichter, die Gerüche, die Musik … alles war wieder da. Als hätte das davor nie stattgefunden. Die Menschen lachten und redeten. Verwirrt warf ich einen Blick auf meine Jacke und starrte sie eine Zeit an. Dann, immer noch verwirrt, griff ich nach ihr und öffnete die Tür zum Laden. Zum Glück hatte ich den Kassenzettel noch bei mir

Ferngesteuert

Kopf aus. Knopf an. Programm hochfahren.
Mein Avatar, geschmückt mit dunkelbraunen Haaren.
Wie in Trance laufe ich durch unzählige Bilder,
ich sehe sie jeden Tag wieder.

Die Kabel verbinden mich mit dieser Welt,
der Raum wird von Bildschirmen erhellt.
Ferngesteuert laufe ich durch die gleichen Gassen,
irreführend wie die Menschenmassen.

Und sie kontrollieren, was wir hören und sagen,
wollen, dass wir aufhören zu hinterfragen.
Wir sind ferngesteuert.
Und wenn wir uns lösen, geht es endlich los,
es wird Zeit für die große Rebellion.
Wir sind ferngesteuert.

Sie sagen, das ist die neue Realität,
damit das System nicht zusammenfällt.
Doch was wirklich geschieht und dahintersteckt,
sehen wir erst, wenn der Schleier nicht die Augen verdeckt.
Während das Feuer brennt und sie die Macht verlieren,
blenden sie uns und wollen nicht kapitulieren.
Vertrauen ist gut, doch Kontrolle ist besser,

Besitz ist heute und teilen war gestern.

Und sie kontrollieren, was wir hören und sagen,
wollen, dass wir aufhören zu hinterfragen.
Wir sind ferngesteuert.
Und wenn wir uns lösen, geht es endlich los,
es wird Zeit für die große Rebellion.
Wir sind ferngesteuert.

Was echt ist, wissen viele nicht,
ist es noch die Realität,
die zu uns spricht?

Und jetzt sind wir Fremde

Damals dachten wir, dass unsere Bindung für immer sein würde. Dem war nicht so …

Du und ich. Wir. Schworen auf die Ewigkeit.
Darauf, dass uns nichts auseinandertreibt.
Wir tanzten. Lachten. Weinten.
Lagen uns in den Armen.
Träumten groß, während wir auf deiner Couch saßen.
Schauten uns den Sonnenuntergang an mit Pommes in der Hand.
Unsere Bindung. Quer durch das Land.
Wir flogen in die Höhe und fielen in die Tiefe.
Gemeinsam. Hand in Hand.
Bauten uns auf. Brachten uns runter.
Doch dann mit der Zeit.
War es soweit.
Du und ich. Aber diesmal keine Einheit.
Damals wussten wir nicht, was passieren würde.
Und uns dieses Schicksal ereilen könnte.
Oder wussten wir es und wollten es nicht wahrhaben,
war dieser Gedanke für uns nicht zu ertragen?
Funkstille. Und jetzt sind wir Fremde.
Sprechen nicht mehr. Laufen aneinander vorbei.
Als hätten wir uns nie gekannt, drehen wir uns weg wie von Geisterhand.

Jetzt sind wir Fremde, die sich nichts zu sagen haben.
Und es ist zu ertragen.
Aus eins mach zwei.
Es ist vorbei.
Und jetzt sind wir Fremde, die sich nicht ansehen, selbst, wenn wir in der Nähe des anderen stehen.
Die Erinnerungen sind die gleichen, aber wir haben uns verändert.
Es ist die Zeit, die den Schmerz linderte.
Ich gehe geradeaus und du biegst ab.
Der Abschnitt mit dir, der sich im Album verbirgt und mich daran erinnert, dass es nie wieder so sein wird.
Denn jetzt sind wir Fremde.
Du und ich.
Ende.

Where is my mind?

Wo ist mein Verstand?

My world is upside down.
The sky is down, the stones are up.
I can see the planes on the ground.
Let my arms fall loosely.
I know it sounds dramatic,
but my head is not very clear.

Where is my mind?
Where is my mind?
Flies above the clouds.

Even if I reach for it I cannot catch it.
I am always so dreamy and slow.
I know that I need to be on the ground.
But I love flying so much.

Where is my mind?
Where is my mind?
Flies above the clouds.

Can you tell me I'm gonna be okay,
or isn't another place to stay?
I need someone who tells me I'm fine,
'cause I'm losing myself – where is the sign?

Where is my mind?
Where is my mind?
Flies above the clouds.

Do you wanna fly with me?

Schrei ins Kissen

Wecker nicht gehört, es war eine kurze Nacht.
Wobei es nicht geplant war, dass ich so lang mach.
Meine Augen sind klein, mein Kopf ist Matsche.
In meiner rechten Hand, der Henkel meiner Tasche.
Mein Zeh knutscht die Tür, Kaffee auf'm Pulli.
Darf ich vorstellen, Deutschlands neuer Dulli.
Was sonst noch passiert, will ich nicht wissen.
Das, was ich brauch …

… ist ein Schrei ins Kissen.
Der Tag ist beschissen,
Ein Schrei ins Kissen,
ist das, was ich brauch.

Ein Tag, der sich wie Kaugummi zieht.
Bin froh, wenn der Zeiger auf sechs steht.
Mein Kopf raucht, Kaffee wirkt nicht mehr.
Ich sehne mich nach Auszeit am Meer.
Jeder will was von mir, ich komme nicht zur Ruh.
Ich will hier weg und das im Nu.
Was heute noch passiert, will ich nicht wissen.
Das, was ich brauch …
… ist ein Schrei ins Kissen.
Der Tag ist beschissen,
Ein Schrei ins Kissen,
ist das, was ich brauch.

Genervt komme ich heim, dreh das Radio auf.
Ehe ich mich versehe, nimmt alles seinen Lauf.
Du stehst im Raum und siehst mich an,
kommst zu mir, ziehst mich an dich ran.
Ich sage: „Was heute passiert ist, willst du nicht wissen.“
Du grinst mich an und sagst: „Das, was wir brauchen …

… ist ein Schrei ins Kissen.
Auch mein Tag war beschissen,
Ein Schrei ins Kissen,
ist das, was wir brauchen.“

13 Minuten

Ich musste mich beeilen, mir blieb nicht viel Zeit. Wo konnte sie nur sein? Ich überlegte. Wo konnte sich ein 16-jähriges Mädchen an einem Freitagabend aufhalten, um die Uhrzeit … im Zimmer natürlich! Schnell und darauf bedacht, dass mich keiner sah, rannte ich die Treppen hinauf. Fast hätte mich mein kleiner Bruder erwischt, aber er war so sehr in sein Handy vertieft, dass ich mich gerade noch so im Badezimmer verstecken konnte. Mein Herz klopfte. Nachdem ich an den Schritten hörte, dass er die Treppen runterlief, schlich ich mich aus dem Bad.

Ohne zu überlegen riss ich eine weiße Holztür auf und stand in einem Teenagerzimmer. Dann sah ich sie: ein 16-jähriges Mädchen mit langen dunkelbraunen Locken. Komplett schwarz gekleidet. Schwarz-lackierte Fingernägel. Sie saß auf dem Boden, vor ihr eine Schnapsflasche und eine Schachtel Zigaretten.

„Geh bitte aus meinem Zimmer“, sagte sie genervt.

„Wie redest du bitte mit mir?!“, entgegnete ich empört. Teenager!

Verwirrt drehte sie sich um und riss die Augen auf, als sie mich anstarrte. Mit ihren dunkel geschminkten Augen. Sie grinste provokant. „Aufgrund unserer Ähnlichkeit kann ich sagen: Ich rede mit mir, wie ich das will."

Ich schloss die Tür. „Hab schon fast vergessen, wie frech du damals warst."

„Du meinst wohl, wie frech DU damals warst."

Überrascht zog ich meine Augenbrauen zusammen. „Wie … du bist nicht verwirrt oder so, weil ich hier bin? Kein Schock, nichts?"

Sie zuckte mit den Schultern. „Nö", antwortete sie, „warum sollte ich? Ich weiß, du wirst mir nichts tun. In Filmen und Serien wird das immer so übertrieben dargestellt, das nervt manchmal. Ich freue mich, dich zu sehen. Außerdem bin ich etwas angetrunken, also was solls."

„Du solltest echt weniger zu trinken. Vor allem, wenn es dir nicht gut geht", mahnte ich sie. „Schön, du bist jung, aber übertreib es nicht."

„Du hast mir gar nichts zu sagen", keifte sie mich an und wollte gerade aus einer Bierflasche trinken – doch ich packte sie am Handgelenk und gab ihr das Zeichen, sich zu setzen. Widerwillig gehorchte sie. Ich musste schmunzeln.

„Hier", sagte ich und reichte ihr ein Sandwich, „so wie ich mich, oder dich, kenne, wirst du wahrscheinlich nicht so viel gegessen haben. Und du brauchst eine gute Grundlage für heute."

Skeptisch schaute sie auf das Brot.

„Ich habs nicht vergiftet", nörgelte ich, rollte mit den Augen und drückte ihr das Essen in die Hand.

„Warum bist du hier?“, fragte sie.

Ich setzte mich hin, mir blieb nicht viel Zeit. „Hör zu“, begann ich, „ich bin hier, um dir etwas zu sagen, was du vielleicht hören solltest. Weil ich weiß, du brauchst jemanden, der dir das sagt.“

„Dann schieß mal los“, sagte sie mit vollem Mund.

Ich holte tief Luft und streichelte ihr sanft über die Haare. „Es wird noch viele solcher Tage geben, glaub mir. An denen es dir nicht gut geht und du mit dir selbst zu kämpfen hast. An denen du denkst, du musst immer stark sein und alles mit dir ausmachen. Obwohl du verletzt, aber gleichzeitig leer bist. Ablehnung erfährst – mehr, als dir lieb ist. Und du das Gefühl hast, als würde mit dir etwas nicht stimmen. Wo du …“

„Was soll der melancholische Scheiß, du bist nicht meine Psychologin!“, versuchte sie, sich der Situation zu entziehen. Ich wusste, warum sie das tat. Ihr wurde es zu viel, weil sie Angst hatte. Weil sie wusste, dass ich recht hatte. Sie schmiss das Essen weg, setzte sich wütend auf den Boden und trank aus der Bierflasche. Geduldig setzte ich mich neben sie und legte eine Hand auf ihre Schulter. „Es wird Tage geben, an denen du alles dafür tun wirst, nur um diesen Schein aufrechtzuerhalten. Wo du nicht weißt, wann du das letzte Mal geweint hast. Angst hast, Gefühle zu zeigen, weil dir mal gesagt wurde, es sei falsch. Aber ich will, dass du eins weißt: Es wird alles gut.“

Sie drehte sich immer noch nicht in meine Richtung. Aus dem Fenster schauend trank sie weiter Verdammt, war ich echt so stur? Wahnsinn! Innerlich versuchte ich mich zu beruhigen. „Stoß nicht alle Menschen von dir weg bis auf die, die es nicht gut mit dir meinen. Mach eine Pause, wenn dir mal etwas zu viel wird. Weine mehr, das tut gut. Und schreib öfters Tagebuch. Ich merke, wie gut dir das tut.“

Sie schaute immer noch weg. Seufzend stand ich auf, meine Zeit war gleich um. Etwas traurig ging ich zur Tür.

„Werden wir glücklich?“, flüsterte sie fragend und schaute mich an.

Ich grinste. „Es wird ein harter Weg, aber ja. Wir werden glücklich und Frieden finden. Wirklich geliebt werden. Und lass später bei der Party lieber den Jägermeister weg.“

Müde

Und wir reden.
Und wir schreien.
Keiner hört uns zu.
Was wir denken, ist tabu.
Sie fragen uns: „Wozu?“
Während sie sich die Ohren zuhalten.
Auf Durchzug schalten.
Und wir reden.
Und wir schreien.
Wir werden langsam müde.
Doch es ist das, was sie wollen.
Was wir werden sollen.
Wir sind wach.

Kalte Pizza

Komm, Baby,
lass uns kalte Pizza essen.
Zum Frühstück.
Während andere Müsli genießen,
Kaffee und O-Saft fließen.

Den Moment nicht vergessen,
als wir gestern in der Bar waren.

Die Leute uns schräg ansahen,
weil wir singend Bahnfahren.
Arm in Arm.
Berauscht von Schnaps und Bier,
nachts waren wir dann hier.

Lachend ins Bett stolperten,
die Schuhe in die Ecke warfen.
Seite an Seite.
Uns vom Rausch leiten ließen,
die Wortmeere fließen.

Komm, Baby,
lass uns küssen, weil es hilft.
Man mit dir am besten chillt.
Uns umarmen, weil wirs brauchen,
macht süchtiger als rauchen.

Lass uns kalte Pizza essen.
Den Moment nicht vergessen,
als gestern die Taten sprachen,
und wir glücklich im Bett lagen.

Verbrannte Zeilen

Es gibt sie. Diese Worte, die niemand lesen wird.
Die wir mit ins Grab nehmen.
Ein Text, der sich tief in uns verbirgt.
Oder ein Brief. Oder einzelne Zeilen, die auf dem Papier tanzen.
Ordnung schaffen, aber davor im Sturm wüteten.
Mit ihren Wurzeln.
Sätze, die wir uns nicht eingestehen wollten.
Obwohl wir ehrlich zu uns selbst sein sollten.
Doch dann sind wir es.
Es gibt sie. Diese Worte, die keiner zu sehen bekommt.
Die nur für uns bestimmt sind.
Kein Zeithorizont.
Durch die wir unseren Frieden finden.
Und trotz des Verbergens vor der Welt nichts verschwenden.
Weil wir ehrlich sind.
Sei es Schmerz oder ein flüchtiger Gedanke.
Eine Tirade oder ein fälliges Danke.
Weil es uns hilft zu verstehen.
Zu lösen und weiterzugehen.
Worte, die wir schon immer sagen wollten, zu sagen.
Gedanken, die uns auf ewig plagen würden.
Und dann versiegeln wir sie, um Lebewohl zu sagen.

Versteckt in einer Schachtel oder rein ins Feuer.
Ihr Duft und der Rauch steigen in den Himmel.
Während wir ins Feuer starren und dabei zusehen,
wie die verbrannten Zeilen zugrunde gehen.
Und obwohl wir wissen, dass die Welt sie niemals lesen wird.
Wissen wir, es war nicht umsonst.

Das Wort zum Sonntag

Gut gelaunt lag Karl auf seiner bunten Picknickdecke am See und ließ die Sonne auf sich scheinen. Endlich war es wieder wärmer und der graue Winter war vorbei. Er hatte es vermisst: einfach nur Zeit an seinem Lieblingssee verbringen, der Natur lauschen, mit niemandem reden und zur Ruhe kommen. Wenn die vielen Menschen an ihm nicht vorbeilaufen würden, wäre die Zeit noch viel schöner, aber man konnte nicht alles haben. Ja, Karl war gern alleine.

„Komm, lass uns weiterlaufen, hinten sind die Spots viel schöner", rief plötzlich eine schrille Stimme hinter Karl, „it's Selfietimeeeeeeee!"

Karl verdrehte innerlich die Augen. Teenager! Die nichts weiter als das perfekte Foto für Social Media im Kopf hatten. Karl machte sich nicht einmal die Mühe, sich umzudrehen, um zu sehen, wer das war. Er hörte nur noch überpubertäres Gekicher, was nach ein paar Sekunden immer leiser wurde. Endlich waren sie weg! Und Karl konnte sich wieder seiner Ruhe widmen – bis er hinter sich laute Schritte wahrnahm.

„Die Welt wird immer verrückter!", beschwerte sich jemand, dieses Mal ein Mann, der etwas erwachsener klang als die Teenager davor. „Verrückt, verrückt, verrückt. Früher war alles besser! Krieg hier, Krieg da, Versagen von Regierungen, überall Inkompetenz. Es ist zum Mäusemelken!“

Dass die Welt „immer verrückter“ wurde, sah auch Karl so. Aber er hatte keine Lust, seine Auszeit vom Alltag mit solchen Gedanken zu verbringen. Nicht jetzt, nicht in diesem Moment. Die kratzige Stimme des Mannes wurde leiser. Wahrscheinlich würde er sich so lange aufregen, bis er einmal um den See gegangen war, dachte sich Karl. Doch nun konnte er sich endlich wieder seiner Ruhe widmen – bis er wieder nervige Teenager wahrnahm.

„Ach komm, jetzt lass mich bitte die Hausaufgaben abschreiben“, hörte er einen Jungen – der leicht im Stimmbruch war – betteln. „Du hast auch was gut bei mir!“

„Nein“, sagte eine andere Stimme, die nach einem Mädchen klang, „hättest du im Unterricht von Frau Schulz aufgepasst, wüsstest du auch, dass wir bis morgen Hausaufgaben aufhatten.“

Karl musste leicht grinsen. Zum Glück war die Schulzeit für ihn vorbei.

„Wenn wir in der Schule auch mal was Sinnvolleres lernen würden, würde ich ja auch aufpassen“, antwortete der Junge.

„Ach, und du meinst, durch deine Rumkritzeleien in deinem Schulbock wird das besser?“, fragte das Mädchen provokant.

„Nein, aber ich brauche kein Mathe, um Künstler zu werden“, konterte der Junge.

Innerlich stimmte Karl dem Jungen zu. Stimmt, wer braucht schon Mathe, wenn er Künstler werden will – es sei denn, er will binomischen Formeln auf Leinwände bringen. Karl seufzte. Er wollte doch nur seine Ruhe! Die Teenager diskutierten weiter, doch er konnte sie nicht mehr hören, weil sie weitergingen. Nun konnte er sich endlich wieder seiner Auszeit widmen. Herrlich! Nur aus diesem Grund war er hier. Die Stille, die Natur, die Sonne, einfach diese Ru…

„So langsam bin ich echt am Überlegen, meiner Tochter Handyverbot zu erteilen!“, ertönte es wieder von hinten. „Anstatt Hausaufgaben zu machen, dreht sie irgendwelche Tanzvideos und lädt das hoch.“

„Ach, Anke, bitte beruhige dich. Das ist eben die neue Generation“, redete sanft eine Frau auf die andere ein.

„Ich soll mich beruhigen?! Glaubst du ernsthaft, dass sie später mal einen gut bezahlten Job bekommt, wenn in ihrem Lebenslauf nur steht, dass sie dumme Tanzvideos drehen kann?!“

Karl schlug sich die Hände ins Gesicht. Das gibt’s doch nicht, schrie er innerlich, kann man nicht EINMAL seine Ruhe haben?! Können die Damen das nicht einfach bei einem Kaffeeklatsch besprechen? Müssen sie die ganze Welt an ihren Problemen teilhaben lassen?

„Letztens habe ich auch gelesen, dass man auf dieser App Menschen Geld schicken kann, damit sie ein Match gewinnen oder weil sie versprechen, sich die Augenbrauen abzurasieren. Was ist das bitte für eine Abzocke?“, schimpfte die Frau weiter. „Wenn das so weiter geht, sterben uns noch die Vorbilder aus!“

Karl atmete einfach tief ein und dann wieder aus. Ja, es gibt eine Welt, in der sich Leute tummeln, die alles für Geld machen – auch Moral hintenanstellen und sich selbst verkaufen. Auf einem Level, was echt ekelhaft ist, auf vielen Ebenen. Oder sogenannte „Coaches“ einem das Blaue vom Himmel erzählen. Kurz gesagt … Moment, warum verschwendete er jetzt seine Gedanken an so etwas? Wollte er nicht seine Ruhe? Karl seufzte. Nein, nicht einmal ein paar Stunden an seinem Lieblingssee wurden ihm gegönnt. Und bevor er jetzt der nächsten Person seine zusammengeknüllte Decke ins Gesicht pfeffern würde, packte er seine Sachen und ging nach Hause. Um seinen Sonntag wenigsten halbwegs friedlich ausklingen zu lassen.

Was schreibe ich morgen?

Und Punkt. Das war es mit dem Text, der wie von Geisterhand in mein Notizbuch platziert wurde. Stolz strich ich über die Seiten und las mir alles nochmal in Ruhe durch. Änderte hier und da einige Wörter, strich was durch. Nach einer halben Stunde war er aber nun wirklich fertig. Zufrieden nahm ich einen Schluck aus meiner Wasserflasche und schloss das Buch. Den Kugelschreiber legte ich weg zu den anderen. Aber irgendwas war in meinem Kopf, das spürte ich. Etwas, was an meinen Schläfen klopfte und mich die Stirn runzeln ließ. Wieder dieser Gedanke, den ich so oft hatte. Besser gesagt eine Frage:

Und was schreibe ich morgen? Oder übermorgen? Oder in zwei Wochen?

Ich stand von meinem Schreibtischstuhl auf und stellte mich vor das Fenster. Die Sonne schien, kleine Kinder liefen an meinem Haus vorbei. Ich konnte einzelne Blumen sehen, die sich zwischen all den grünen Grashalmen versteckten. Dann wieder diese Frage:

Und was schreibe ich morgen? Oder übermorgen? Oder in zwei Wochen?

Klar, ich hatte es mir angewöhnt, erst dann zu schreiben, wenn mir wirklich danach war oder mir ein Thema einfiel. Wenn es einfach passte. Ich einen Geistesblitz oder eine Idee hatte, die mir gefiel.

Aber trotzdem stellte ich mir immer wieder diese eine Frage, sobald ein Text fertig war. Vielleicht über ein Thema, das in der Arbeit diskutiert wurde? Über das Wetter? Über einen Moment im Alltag, der im Nachhinein von unbezahlbarer Bedeutung war, durch die Schnelllebigkeit aber nicht gesehen wurde? Über eine Erinnerung? Oder über das Patriachat? Hinter der Frage in meinem Kopf gesellten sich tausende Fragezeichen. Sie schubsten sich gegenseitig, drängelten und stolperten über ihre eigenen Füße.

Und was schreibe ich morgen? Oder übermorgen? Oder in zwei Wochen?

Meine Güte, reiß dich zam, Mädl, schimpfte ich mich selbst. Die einzigartigsten Geschichten schreibt das Leben, das wusste ich. Meine Muse, die ich so sehr liebte, trotz der Tiefpunkte. Aber es ging ja um das, was ich schreiben würde.

Und was schreibe ich morgen? Oder übermorgen? Oder in zwei Wochen?

Auf der anderen Seite: Mein Leben war ja irgendwo ich, oder etwa nicht? Oder ich mein Leben? Eigentlich kannst du dir die Frage selbst beantworten, sagte ich zu mir selbst und musste kurz über mich selbst lachen. Kopfschüttelnd ging ich vom Fenster weg.

Und was schreibe ich morgen? Oder übermorgen? Oder in zwei Wochen?

Wenn es so weit ist, werde ich es schon merken. Oder um es anders zu sagen: Das Leben wird es schon wissen.